취업 Doctor

차등화 취업 전략 & 시나리오별 진로 카운슬링

신정수 지음

가림출판사

아점프는 취업 인포밍(informing) 사이트다!

모두가 취업을 원한다.
하지만 일자리는 점점 사라지고 있다.
환경 때문이다.
앞으로도 계속, 일자리는 줄어들 것이다.

취업에 성공할 수 있을까?
그저 막연하게만 생각해서는 힘들다.
명쾌하게 '꿈과 목표'를 세워야 한다.
그리고
당신의 성공을 위해서 함께 달려줄 수 있는
파트너와 함께
자신의 강점을 연구하고 그것에 집중하길 바란다.

길이 있다면 길을 찾아주고
길이 없다면 그 길을 함께 개척하겠다.

이것이 아점프(www.ajump.org)의 정신이다.

취업하려면
당신의 가치를 보여주고
등급을 높여라!

학점과 토익 점수만으로 취업 문을 열 수 있을까? 높은 학점을 받기 위해 학과 공부에 많은 시간을 보내고, 토익 점수를 얻기 위해 학원을 다니며 도서실에서 시간을 보내면 미래가 보장될까?

경기가 어려워져서 문을 닫는 기업이 늘어나고 있다. 경기 회복의 기미가 보이지 않기 때문에 진로에 대해 심각하게 고민하고 불확실한 미래에 자신감을 잃어가는 학생이 늘어나는 것이 현실이다.

이러한 상황에서 취업에 대하여 막연하게만 생각하고 있는 사람은 취업의 문을 열 수 없다. 반면에 철저하게 목표를 세워 전략적으로 접근하면 아무리 어려운 환경이라도 희망하는 목적지에 도달할 수 있을 것으로 확신한다.

'차별화'는 익숙한 말이다. 그런데 '차등화'란 말은 낯설 것이다. 차별화는 다른 것과 구별되는 것이고, 차등화는 등급의 차이를 말한다.

이력서와 자기소개서가 수평 개념을 가진, 남과 조금 다른 '차별화'보다 수직 개념의 '차등화'를 적용시켰을 경우, 눈에 띄는 서류가 된다. 또 나아가 자기 회사에 기여할 수 있다는 믿음도 준다. 기업에 돈을 벌어줄 사람으로 인식되면 보고 싶어지고 함께 일하고 싶어지므로 취업에 성공할 수 있다.

차등화하려면 다음과 같은 내용에 집중해야 한다.

지원하는 회사의 경쟁 환경을 분석해야 한다

잘 나가던 기업이 갑자기 부도가 나고, 시장점유율 경쟁에서 일등하고 있는 기업이 자기도 모르는 사이에 매출이 떨어지고, 융복합화 사회가 도래하면서 복합 상품이 출시되어 어제까지 잘 팔리던 제품이 오늘은 시장에서 퇴출되는 현상이 벌어지고 있다. 이런 경쟁 환경을 분석해서 지원하는 회사가 성공할 수 있는 새롭고 대범한 전략을 제시할 수 있어야 한다.

기업의 문제를 찾아서 대안을 제시할 수 있어야 한다

경쟁 환경을 이해해야 하는 이유는 전략을 만들기 위함이고, 기업에 대안을 제시하는 것은 지원하는 회사의 효율 경영을 돕기 위함이다. 글로벌 경쟁이 시작된 이후에도 한국 기업들은 전통 방식의 비즈니스 체계를 아직도 유지하고 있다. 지금까지의 낡은 방법으로는 점점 치열해지는 경쟁 속에서는 생존하기 어렵다. 입사를 위해서 이러한 문제를 제기하고 대안을 제시하는 사람은 다른 사람에 비해 차등화 전략으로 무장했다고 볼 수 있다.

라인 구조를 자율 수평 경영 구조로 전환할 것을 제안하는 것도 좋다. 급여 테이블을 휴지통에 버리고 업무의 난이도와 중요성 및 성과에 따른 인센티브를 명확하게 인식할 수 있는 방법을 제안하는 것도 좋다. 경영 전략이나 마케팅 부분을 분석해서 기발하고 대범한 아이디어를 제공하는 것도 좋다. 경쟁사를 찾아서 지금까지 경쟁을 주도했던 싸움 방식과 다른 싸움 방식을 제안하는 것이면 더 좋겠다.

새로운 적을 찾아서 새로운 싸움의 방식을 제시해야 한다

김위찬 교수의 『블루오션 전략』도 이제는 한계를 드러내고 있다. 블루오션 전략의 핵심 내용은 같은 산업에서 경쟁사를 찾아서 경쟁요인을 나열하고 상대방이 집중하는 포지션에 제거, 감소, 증가, 창조란 프레임워크(framework)를 큰 그림으로 그려서 새로운 시장을 찾아나가는 것이다. 그러나 지금은 같은 산업에서 경쟁이 아닌 새로운 산업에서 경쟁이 일어나는 환경으로 급변하고 있다.

적을 알아야 싸움 방법을 연구할 수 있다. 새로운 적을 찾아서 새로운 싸움 방식을 제안하는 사람은 자신을 차등화할 뿐만 아니라, 자신의 브랜드 가치를 높이는 기회가 될 수 있다. 인지도가 낮은 대학 출신일지라도 자신을 다른 사람보다 등급을 올리면 높은 경쟁률을 뛰어넘어 채용의 문을 열 수 있는 것이다.

1,000장이 넘게 이력서를 보냈는데도 불러주는 회사가 없었다는 학생의 고민을 들은 적이 있다. 불러주지 않은 데에는 이유가 있다. 자기 PR만 늘어놓았거나, 본인이 중요하게 생각하는 것을 면접관에게 이해시키려고 늘어놓은 서류를 작성하지 않았는가?

기업에서 좋아하는 서류는 어떤 것일까? 대부분 사람은 공부한 흔적이나 동아리 활동을 서류에 담지만, 기업은 돈 버는 방법을 알려주거나, 돈 벌 수 있는 가치를 지닌 사람을 좋아한다.

- 자기 자랑만 늘어놓지 마라!
- 시장 판세를 담은 서류를 작성하라!
- 읽을 가치가 있는 서류를 만들어라!

학교에서도 학습 방법을 수행과 성과 중심으로 전환하는 전략도 제시했다. 토익 점수와 학점만 매달리지 말고, 기업이 원하는 역량을 갖추어 채용과 동시에 직무를 수행할 수 있다는 여러분의 가치를 보여야 한다. 토익 점수나 학점이 높다면 성실한 사람이란 평가는 받을 수 있다. 그러나 그런 스펙의 지원자는 넘쳐나고, 그들을 채용한들 심각한 위기에 처한 회사에 도움이 될 사람이라고는 보지는 않는다.

외국계 D 회사에서 채용 공고를 내자 전국에서 수천 명이 응시했다. 1차 서류 심사를 거쳐 2차, 3차 면접을 했지만, 회사에서 기대하던 '적합한 인재'가 보이지 않아서 채용을 보류하고 다시 채용 공고를 낸 사례가 있다. 실력 있는 사람은 많았지만 회사에서 필요한 기대치를 채워줄 인재가 없다 보니 다시 채용 공고를 내는 사태가 벌어진 것이다. 갈수록 이런 기업이 많아질 것이다.

필자는 이 책에서 지식을 지혜롭게 활용해서 시장 판세를 분석하고, 지원하는 기업에 긍정적인 영향을 미칠 상품화 전략 생성 방법을 다양한 산업의 사례를 통해 보여줄 것이다. 지금까지의 경쟁자가 아닌 회사의 새로운 적을 찾고 새로운 싸움 방식을 연구함으로써 여러분의 지원 서류에도 경쟁력 있는 차등화 전략을 담아낼 수 있도록 도움을 주고자 한다.

또한 각자의 스펙에 맞춰 진로를 설정하는 시나리오별 취업 진로 카운슬링에 대해서 케이스별 모델을 제시하고, 모델별로 취업 방향과 진로 지도에 대한 대안을 제시했다. 자신의 스펙과 유사한 사례를 발견하고, 여러분도 그와 같은 특별한 전략을 연구해서 진로를 개척하는 것이 막연하게 취업 시장에 도전하는 것보다 훨씬 높은 성공률을 보장할 것이다.

기업과 대학을 출강하면서 느끼는 것은 기업과 구직자, 모두가 힘들어 하고 있다는 사실이다. 힘든 이유는 그들만의 문제가 아니다. 급속하게 환경이 변하고 있기 때문이다. 그 속에서 전통적인 비즈니스 방식을 고수하고 있는 기업은 힘들 수밖에 없을 것이다. 그런데 그 힘든 기업들에 지원하는 학생들도 자기 PR만으로 취업하려고 하기 때문에 실패한다.

입장을 바꿔 생각해보면 답이 보인다. 힘든 기업을 성공으로 이끄는 아이디어나 전략을 제시하고, 본인의 가치를 입증시키면 성공한다.

좋은 스펙을 갖추고서도 가치를 전달하지 못하면 입사를 간절하게 원했던 회사가 한 번 주는 기회는 사라진다. 이력서를 작성하는 것도 기술이다. 본인이 경험했거나 취득한 자격증을 적어놓는다고 해서 될 일이 아니다. 디자인과 표현의 기술이 필요하다. 자기소개서에 가치를 담아서 읽는 사람이 자신의 가치를 바로 알아볼 수 있게끔 글을 쓸 줄도 알아야 한다.

기업의 갈증 요인은 고려하지 않은 채 본인 생각에 중요하고, 이해시키고 싶고, 알리고 싶은 것들로 가득 채운 글들은 기업 관계자들은 관심을 끌지 못한다. 그들은 지원하는 사람들 중에서 가장 '적합한 인재' 한 명 만을 채용할 뿐이다.

필자는 기업을 컨설팅하고, 경영 전략을 강의한다.
무엇이 문제고, 어떻게 해야 취업에 성공할 수 있는지를 알고 있다. 학생들에게 강의하는 내용은 이론이 아니다. 글로벌 환경에서 변화하는 시장 판세를 읽게 하고, 산업군별 새로운 적의 출현과 싸움의 방식을 연구하게 하고, 지원하는 회사의 문제점과 갈증 요인을 발견해서 위기의 기업을 탈출시킬 수 있는 전략을 연구하도록 강의한다. 그것은 제자들의 가치를 남과 다르게 만들고, 그들이 가지고 있는 낮은 등급의 현재 위치를 1등급으로 높이려는 전략이기도 하다.

　자기를 PR에만 집중하는 자기소개서, 학점과 토익 점수만으로 취업의 문을 열 수 있을 거라 믿고 있거나, 읽기 편하고 듣기 좋은 미사여구(美辭麗句)로 장식된 그럴듯한 자기소개서, 인터넷에 떠돌아다니는 글들을 모아 편집해서 만든 우스꽝스러운 자기소개서가 있다면, 지금 당장 휴지통에 버려라.
　탈락한 서류를 다시 제출하는 일도 멈춰야 한다. 떨어진 서류는 이미 가치를 상실했음이 입증된 것이다. 한 가닥 희망을 걸고 다시 날짜와 회사 이름을 바꾸고, 부서를 바꿔서 제출한들 연속된 탈락의 아픔만 올 뿐이다. 가치 없는 서류를 들고 분홍빛 희망을 실어 제출하는 일들을 멈춰야 한다. 떨어지는 것은 이유가 있다. 누가 보더라도 가치가 없기 때문이다.

　하얀 백지는 기회가 되어야 한다.
　몇 자 되지 않는 자기소개서의 글은 늘 새롭게 창조되어야 한다. 그것이 성공 비결이다.

　창조!
　새로운 것을 만들어 내는 것!

　필자는 사실적이고 현실적인 내용으로 글을 쓰려고 노력했다. 설령 의욕을 꺾는 이야기도 있겠지만 현실을 직시하고, 좌절하지 않기 바란다.
　어디서도 들어보지 못했던 내용도 많을 것이다. 모두 기업 컨설팅을 하거나 강의를 하면서 찾아낸 알토란 같은 전략들이다. 이것이 여러분의 생각을 바꾸고, 지원하는 회사를 연구하고, 자신감을 얻고, 하면 된다는 열정을 불러일으키는 기회가 되길 소망한다.

대학에서 7년간 취업과 관련된 강의를 하는 동안, 3,000명이 넘는 제자들과 상담하면서 비축해둔 정보를 바탕으로 크게 6가지 케이스를 도출해냈다. 성공 효율을 높이기 위해서는 각자가 보유한 스펙에 따라서 취업 전략을 달리 설계해야 한다. 케이스마다 특징이 있으며, 그 특징을 살려서 문제를 해결하고, 강점은 더 강화하고, 대안들을 연구해서 최적의 성공 전략을 제시했다. 필자에게 진로 카운슬링을 받고 취업에 성공한 제자들의 스토리도 담아두었다.

필자는 가치 혁신의 모델이 되고자 연구실을 개원했다.

머릿속의 지식을 강단에서 강의하면 1차 수익을 얻을 수 있다. 머릿속의 지식으로 컨설팅 용역을 하면 1차보다 더 많은 2차 수익을 얻을 수 있다. 머릿속 지식을 비즈니스 모델을 만들어서 운영하면 2차보다 많은 3차 수익을 얻는다.

필자의 강점은 기업과 학교에서 강의하면서 그들의 갈증 요인을 잘 알고 있다는 것이다. 그래서 필자는 갈증 요인을 해결할 수 있는 비즈니스 모델을 만들었다. 그것이 아점프(www.ajump.org)이다.

아점프는 ability jump의 합성어다. 역량을 강화한다는 의미이다. 아점프는 취업에 필요한 역량을 취득할 수 있고 취업에 관한 모든 정보를 얻을 수 있는 공간으로 만들어갈 것이다. 본서에서 다루는 많은 사례와 가치 있는 이야기들은 아점프 사이트 안에 동영상으로 준비되어 있다. 취업에 실제 도움이 될 수 있는 카테고리들로 구성하려 했고, 다음과 같은 내용으로 현업에 근무하는 선배들의 이야기를 담았다.

- 취업한 선배들의 성공 스토리
- 현업에 근무하는 선배들이 알려주는 다양한 직무 소개
- 기업 CEO들이 찾고 있는 인재상과 조언

- 산업별 차등화 전략
- 이력서와 자기소개서 작성하는 법
- 학생(Sender)과 기업(Receiver)이 상호 통하는 면접
- 오프라인 특강과 오프라인 진로 카운슬링

전문대학을 졸업하거나 지방대학을 졸업하는 학생들도 자신감과 용기를 잃지마라. 수직 개념을 가지고 있는 차등화 전략(기업의 갈증 요인을 해결할 수 있는 대안 제시)을 찾아내고, 시나리오별 맞춤식 취업 전략을 설계하면 취업에 성공할 수 있다.

어렵다고 포기하지 말고, 지금 당신이 할 수 있는 전략을 수립하며, 펜을 들고 그림을 크게 그리고, 가치 있는 생각과 정보를 늘 메모하는 습관을 들이기 바란다. 마음의 문을 열고 두드리면 반드시 당신을 지원하는 응원자가 생길 것이다. 나의 등급을 높이는 가치를 지니고, 성공할 수 있는 길을 찾아야 한다. 최선을 다하는 사람은 반드시 꿈을 이룬다고 스스로 믿고 확신해야 한다. 최선을 다해 보지도 못하고 환경 탓만 한다면 더 나은 미래를 기약할 수 없다. 아무에게나 기회가 주어지고, 행운이 찾아오는 것은 아니다. 열심히 노력하는 사람에게, 열심히 준비한 사람에게 기회와 행운이 찾아든다.

단 하루라도 잊어버리지 않는 '꿈'을 가슴에 품어야 한다. 지금 당신이 해야 할 일은 꿈과 목표를 세우는 것이다. 꿈과 목표는 당신의 길을 안내할 것이며, 힘들 때 에너지를 충전해주는 에너지원이 될 것이다. 그러면 당신은 머지않아 꿈을 실현하고 있는 자신을 발견하게 될 것이다.

신 정 수

취업하려면 당신의 가치를 보여주고 등급을 높여라! 8
책머리에 12

1장/ 취업 시장의 환경

취업률 30% 25

- 이 책을 처음부터 끝까지 읽어라 26
- 간절히 원하는 꿈과 목표를 세워라 26
- 지원할 회사와 부서를 결정하라 27
- 현재 위치 정보를 분석하라 27
- 지원할 회사의 산업군과 경쟁관계를 분석하고, 제안할 아이디어를 연구한다 28
- 직무 수행 능력을 갖춰야 한다 28
- 이력서와 자기소개서를 작성해 둔다 29
- 자신을 남에게 알려라 30

팀장과 CEO가 원하는 인재 31

채용에서 팀장의 역할과 주안점 31

- 서류 검토 31
- 실력 검증 32

CEO의 역할과 주안점 33

- 긍정적인 사고와 인성 34
- 자신감과 도전정신 34
- 창의성과 끈기 35

당신을 채용하지 않는 5가지 이유 36

자기중심으로 작성한 서류 39

차별화도 못 시킨 자기소개서 44

읽을 가치가 없는 자기소개서 50

인터넷, 책에 나온 예문을 그대로 베껴 쓰는 사람 53

자기소개서를 어떻게 쓰는지 모르는 사람 56

- 성장 과정 56
- 장 · 단점 56
- 지원 동기 57

• 장래 포부 58

역발상, 괴짜를 선호하는 시장 59

2장/ 가치를 제공하면 취업에 성공한다

돈이 들지 않는 것이 가치이다 65
 • 돈이 들지 않는 사람의 자기소개서 사례 66

돈을 벌어 주는 것이 가치이다 68
 • 돈을 벌어 주는 사람의 자기소개서 사례 70

회사의 명성을 알리는 것도 가치이다 72
 • 회사 브랜드를 제안하는 사례 73

기업(Receiver)이 요구하는 역량 75
 • 기획 & 문서 작성 75
 • 영어 77
 • 프레젠테이션 스킬 77
 • 컴퓨터 활용 능력 78
 • 기업 실무 79
 • 프로젝트 수행 능력 79

기업(Receiver)이 듣고자 하는 메시지 81
 • 같은 산업군이라도 듣고자 하는 메시지는 다르다 81
 • 찾고 있는 메시지는 채용 공고에 나온다 83
 • 기업의 인재상이 전체 직원에 적용되는 것은 아니다 83
 • 메시지는 기업의 갈증 요인을 해결할 수 있는 '대안을 제시하는 적합한 인재' 이다 84

지원자(Sender)의 가치 전달 85

상품화된 가치를 전달하라 85
 • 상품화되지 못한 자기소개서 사례 86
 • 상품화시킨 자기소개서 사례 88

지원하는 부서의 업무 수행 능력을 명쾌하게 전달하라 92

3장/ 각자의 스펙에 맞춘 진로 카운슬링

시나리오별 진로 카운슬링의 필요성 99

- 시나리오의 케이스 99

학점 3.2, 토익 점수 760점은 대기업을 지원하라 102

- 학점과 네임 밸류 103
- 대기업으로 지원하라 104
- 인턴을 체험해야 한다 105
- 토론과 프레젠테이션 106

시나리오 모델과 구성 요소 109

- 시나리오별 모델 110
- 목표 분석과 지원사 정보 수집 114
- 평가 항목과 점수 배당 115

시나리오 취업 전략의 6가지 사례 120

첫 번째 케이스 121

- 기업 체험, 인턴, 최종적으로 사외 교육기관을 통해서라도 직무를 익혀야 한다 123
- 기획과 문서 작성, 프레젠테이션 스킬을 공부하라 123
- 자기소개서 지원 동기에는 직무에 대해 구체적으로 기술해야 한다 124
- 대기업일 경우에는 그룹 및 토론 면접을 준비한다 125

두 번째 케이스 126

- 토익 점수를 870점대 이상으로 올려라 127
- 회화 실력을 향상시켜라 127
- 프레젠테이션 스킬을 익혀라 128
- 지원사를 결정하고 맞춤형으로 취업 준비를 하는 것이 성공률을 높인다 129

세 번째 케이스 130

- 영어 기초가 되면 토익에 도전하라 132
- 문서 작성, 프레젠테이션, 컴퓨터 활용 능력을 향상시켜라 133
- 멘토를 통해서 취업의 길을 열어라 133
- 기업 체험을 통해서 맺어진 인프라를 활용하라 134

네 번째 케이스 136

- 어떤 일을 하면서 살 것인가를 결정하라 136
- 지원사 산업군을 분석하고 전략을 연구하라 138
- 전문가에게 도움을 요청하고 목표 관리 및 맞춤식 취업 준비를 하라 139

다섯 번째 케이스 141

- 챌린저를 통해 얻게 된 경험과 역량에 대해 준비하라 144
- 강점을 어필하고 유도 질문을 계획하라 144
- 챌린저에 도전했던 회사나 그와 유사한 회사로 지원하라 144

여섯 번째 케이스 145

- 케이스 6은 목표 관리가 중요하다 147
- 인턴생활을 경험하라 148
- 강점을 활용하라 148

4장/ 성공하는 서류의 비밀

378개 회사에 서류를 보냈는데 모두 떨어졌다 153

- 범용 자기소개서 154
- 클릭 휴지통 158

차등화 전략으로 승부하라 161

나이키의 새로운 적 162

P&G의 새로운 적 167

질레트의 새로운 적 170

MP3 플레이어의 새로운 적 172

복사기 산업의 새로운 적 175

코닥의 새로운 적 176

교재 산업의 새로운 적 177

기회선점 경쟁요소를 담아라 182

90 : 110 = 107의 법칙 183

- 풀옵션 방식에서 옵션 방식으로 전환하라 184
- 건설 산업의 기회선점 경쟁요인으로 차등화한 자기소개서 186

이름값 하는 시대 188

의류 매장에 매출을 올릴 수 있는 기회선점 경쟁요인 191

- 〈기회선점 경쟁요인 1〉 출근하지 말고 영업하라 195

- 〈기회선점 경쟁요인 2〉 고객을 불러들여서 판매가 일어나면 인센티브를 지급하라 196
- 〈기회선점 경쟁요인 3〉 고객 관리는 직원이 직접 하라 196
- 〈기회선점 경쟁요인 4〉 코디네이터라 불러라 197
- 〈기회선점 경쟁요인 5〉 돈을 벌 수 있는 구조를 갖추어라 199

영화관 산업의 기회선점 경쟁요인 201

- 〈기회선점 경쟁요인〉 영화관에 베이비 시팅 룸을 설치하라 201

병원산업의 기회선점 경쟁요인 203

- 〈기회선점 경쟁요인 1〉 사우나 시설을 장례식장 내에 설치하라 204
- 〈기회선점 경쟁요인 2〉 장례식장 내에 수면실을 만들어라 205
- 〈기회선점 경쟁요인 3〉 컴퓨터를 제공하라 205
- 〈기회선점 경쟁요인 4〉 놀이방을 만들어라 205

이력서의 비밀은 무엇인가? 208

- 〈첫 번째 비밀〉 첫 대면의 시작이다 209
- 〈두 번째 비밀〉 역량을 확인한다 210
- 〈세 번째 비밀〉 모두 채워 넣어야 한다 210

자기소개서의 비밀은 무엇인가? 211

- 〈첫 번째 비밀〉 기업(Receiver)이 듣고자 하는 '메시지'를 담아야 한다 212
- 〈두 번째 비밀〉 가치를 표현해야 한다 213
- 〈세 번째 비밀〉 하나만 전달하라 215
- 〈네 번째 비밀〉 약점은 피하고, 진실해야 한다 215
- 〈다섯 번째 비밀〉 면접장까지 불러주는 이유가 된다 216

텍스트 형식으로 작성하지 마라 220

- 맥킨지식 구조 220

5장/ 통하는 면접 준비

면접의 목적 227

- 면접의 목적 227
- 자신을 보여주는 단계이다 228
- 열정과 자신감을 보여주는 단계이다 232
- 자신을 채용하게끔 만드는 단계이다 233

면접의 중요성 235

- 전문 지식 확인 235
- 이력서와 자기소개서 사실 유무 확인 236
- 직무에 대한 이해도 및 수행 능력 확인 237
- 회사 환경에 대한 개인의 입장 및 의견 수렴 238
- 면접을 통해 알고 싶은 것들 238

면접 준비 240

- 지원사의 정보를 수집하라 240
- 지원사의 면접 유형을 파악하라 242
- 면접에 자주 나오는 질문 244
- 자기 PR 시나리오를 작성하라 246
- 토론 면접 249
- 사전 탐방을 통해 관계를 유지하라 251

면접을 잘 보려면 253

기업의 인재상을 파악하라 253

자기 평가를 통한 분석 255

- 남의 들러리를 자초하지 마라 257
- 면접 대기 시간 5분을 관리하라 257

면접관은 짧은 시간에 지원자의 어떤 모습을 보고 싶어 할까? 258

- 재치 있는 답변을 하라 258
- 결론부터 내리고 부연 설명을 하라 260
- 솔직하게 느낌을 전달한다 260
- 면접관을 이기려 하지 마라 261
- 모르는 질문에 아는 척 하지 마라 261
- 목소리, 말의 스피드, 말의 톤을 잘 조절한다 262
- 면접관의 입장에서 답변하라 263

면접 필수 요목 264

- 회사 제품을 먼저 사용해보라 264
- 언론에 보도된 최근 기사를 읽는다 266

마치면서 268

1

취업 시장의 환경

채용에 실패한 경험이 있다면 그 서류를 다시 차분하게 읽어보기 바란다. 지원한 회사에 도움이 될 수 있는 아이디어를 제시한 흔적이 있는가? 지원한 부서의 업무 수행에 대하여 구체적으로 기록한 사실이 있는가? 아니면, 처음부터 끝까지 자기 자랑만 늘어놓지는 않았는가? 스스로 찾아봐라. 이러한 내용이 없다면 낙방한 이유가 충분하다.

구직이 쉽지 않다.
채용시장은 좋아질 기미도 보이지 않는다.
취업이 어렵다고 하지만 그 와중에도 성공하는 사람이 있다.
어떻게 성공했을까?
남과 다른 노력을 했기에 성공했을 것이다.
목표를 정하고 전략적으로 관리하면 성공할 수 있다.
그런 노력을 나도 하면 성공할 수 있다.
대학 4학년 졸업반에 가서도 취업에 대해 막연한 생각으로
하루하루를 보내는 학생들을 많이 봤다.
일자리가 줄어드는 환경에 전략 없이 취업될 리 만무하다.
아점프 취업 인포밍 사이트(www.ajump.org)를 개발하면서
성공한 선배들과 인터뷰할 기회가 많았다.
그들 중 서둘러 취업 준비를 시작한 사람은
그 시기가 대학 3학년 2학기 정도였고,
늦은 사람은 4학년 2학기 때부터였다.
빠를수록 좋겠지만 행여 4학년 2학기를 보내고 있거나
졸업을 유보한 상태일지라도 포기하지 말기 바란다.
이 책을 끝까지 읽고나면 '취업의 길' 이 보일 거라 확신한다.

취업률 30%

필자는 여러 학교에 취업 관련 특강을 나가고 있다. 취업지원실 선생님들은 학교의 취업률 때문에 많이들 고심한다. 전국의 대학생 취업률은 75%이다. 이 수치가 정확하다면 현재는 취업 대란이 아니라 취업 호황인 시기다. 그런데 체감할 수가 없다. 대학에서 취합하고 있는 취업률에는 여러 항목이 있나보다. 말하기는 곤란하지만 아무튼 문제가 있는 것이 사실이다.

필자가 출강하는 학교는 취업률이 67% 가량 된다. 외국어로 특성화된 학교인지라, 지금 경영환경이 글로벌화 되고, 기업들이 세계무대로 진출하거나 국제적인 비즈니스를 활성화하면서 어학에 능통한 인재들을 선호하기 때문으로 판단된다. 그러나 정작 대학 관계자들의 말에 따르면 정규직으로 취업하는 경우는 30% 정도라고 한다.

30%가 현실이다. 취업이 전부일 수는 없겠지만 다른 대안도 없으면서 무의미하게 아까운 시간을 보내지 마라. 이를 위해 몇 가지를 당부한다.

정규직으로 취업하기를 원한다면 30%에 들어갈 수 있도록 노력해야 하고, 취업을 위한 독특한 전략을 세워야 하며, 나름대로 특별한 방법을 연구해야 한다.

이 책을 처음부터 끝까지 읽어라

중요한 부분에는 밑줄을 치고 읽어나가라. 필요할 때 즉시 활용할 수 있도록 미리 표시해두는 것이 좋다.

간절히 원하는 꿈과 목표를 세워라

당신이 잠이 들기 전에 꼭 해야 할 것이 있다. 나는 무엇을 하면 잘 할 수 있는지, 어떤 일을 하고 살면 행복할지, 인생관, 직업관도 깊이 생각해본 후에 '꿈과 목표'를 세워라.

예) 꿈과 목표

꿈 – 축구 선수가 되겠다.

목표 – 펠레 같은 선수가 된다.

꿈과 목표가 명쾌할수록 열정과 자신감이 생기고, 힘들 때도 견딜 수 있는 에너지원이 된다.

지원할 회사와 부서를 결정하라

꿈과 목표가 정해지면, 지원할 회사와 부서를 결정하라. 전공을 살려서 취업하는 사람이 있는가 하면, 전공은 포기하고 적성을 살려서 취업하려는 사람이 있다. 둘 중 어느 쪽을 선택할지 미리 결정해야 한다. 전문직을 지원하려는 사람은 전공에서 기본기가 탄탄해야 인정받는다. 전공이 나의 생업으로 맞지 않는다는 판단이 들면, 빨리 적성으로 우회해서 선택하는 것이 바람직하겠다. 전공과 적성을 모두 고려해서 선택할 수 있다면 더 좋지만 말이다.

현재 위치 정보를 분석하라

현재 위치 정보란 스펙과 역량을 말한다. 학점과 토익 점수는 기본 스펙이다. 역량이란, 기획과 문서 작성, 프레젠테이션 스킬, 각종 자격증, 인턴 및 기업 체험, 봉사 활동 등으로 본다. 기본 스펙은 당신이 지원할 수 있는 회사의 방향을 설정해 주지만, 기타 역량은 채용 여부를 결정하게 될 것이다.

지원할 회사가 결정되고 회사 정보를 분석해보면 기본 스펙의 커트라인과 그 회사의 선호 역량이 있다.

- 지원할 회사의 스펙과 역량을 놓고, 내가 현재 보유한 스펙과 역량을 비교한다.
- 그 중에서 가장 중요하고 시급하게 보완해야 할 것은 무엇인지 결정한다.
- 결정한 항목의 원인을 발견하고 해결할 수 있는 최적의 대안을 설정한다. 그리고 최우선으로 그 항목을 해결한다.
- 역량 부분은 교내 및 인턴, 봉사, 사회 교육기관을 통해서 활동하고, 각종 자격증을 취득함으로써 하나씩 해결할 수 있다.

지원할 회사의 산업군과 경쟁관계를 분석하고, 제안할 아이디어를 연구한다

이 부분이 바로 나의 등급을 높여 기업이 나를 채용하게 만드는 차등화 요소이다. 경영에 영향을 미칠 수 있는 신선하고 새로운 아이디어라야 한다. 당신이 연구한 차등화 요소에 대해서는 아점프 인포밍 사이트를 통해서 구체적으로 논의할 수 있다.

직무 수행 능력을 갖춰야 한다

직무 수행 능력이 없는 사람은 서류 심사에서 탈락한다. 입장 바꿔서 생각해보면 본인도 그런 사람은 채용하지 않을 것이다. 취업에 성공한 선배들의 스토리를 통해서도 확인할 수 있겠지만, 참여한 대부분의 선배들이 가장 강조하는 내용은 직무 수행 능력을 갖추는 것이다. 직무를 모르는 사람은 누군가가 옆에 붙어서라도 가르쳐야 한다.

사외 기관의 직무 과정이나 직무를 소개하는 사이트를 이용해서라도 지원하는 부서의 업무에 대해서는 파악하고 있어야 하며, 수행 업무에 관해서는 자기소개서 지원 동기에 할 수 있다는 내용을 적어 넣어야 한다. 이 부분이 회사에 가치가 있는 사람인가를 평가하는 내용이다.

이력서와 자기소개서를 작성해 둔다

컴퓨터 바탕화면에 이력서와 자기소개서를 작성해두고 늘 관리해야 한다.

이력서의 빈칸은 다 메워야 한다. 경력사항이든 자격증이든 미리 만들어서 하나둘 채워나가야 성공할 수 있다. 입사 원서를 써본 사람은 알겠지만 한 칸을 채우기도 힘들다. 자기소개서도 미리 써두지 않으면 어떻게 써야 할지 당황하게 된다. 당황해서 우왕좌왕 하다 보면 결국 소설 같은 자기소개서를 작성해서 제출한다. 그런 사람은 30%에 들지 못한다.

이력서와 자기소개서는 스펙과 역량을 디자인하는 기술로 나를 정확하게 상대에게 알리는 데 목적이 있다. 정확하게 알리려면 내 머릿속 생각을 명쾌하게 정리해야 한다. 생각을 정리하는 기술이 바로 맥킨지식 문서 작성법이다.

이 책에는 텍스트 형식이 아닌, 맥킨지식 자기소개서 작성법에 대해서 설명했다. 맥킨지식 방식은 생각을 명쾌하게 정리해서 의도를 쉽게 전달한다. 상대가 핵심요지를 파악하는데 도움을 주며, 당신을 면접장까지 부르도록 기여할 것이다.

자신을 남에게 알려라

마음을 열고 나를 알려야 한다. 당신이 어떤 생각을 하고, 무슨 일을 하고 싶어 하는지 알아야 도와줄 수 있다. 주변에 지인을 통해서 당신을 알리는 것이 중요하다. 당신을 알리다 보면 당신의 생각을 정리할 수 있는 기회도 생기고, 나를 소개하기 위해서 보다 다듬어진 당신을 발견하게 될 것이다. 나의 역량을 정리해 두면 서류를 작성할 때나 면접볼 때 부드럽게 자신을 표현할 수 있다. 가능한 한 많이 알리는 것이 좋다. 선배도 좋고, 부모나 친구도 좋고, 교수님도 좋다. 당신을 기억하고 있는 사람이 많을수록 취업의 폭이 넓어진다는 사실을 잊지 마라.

여기까지 읽은 것만으로도 50%는 성공했다고 볼 수 있다. 취업에 성공할 수 있는 방법을 발견했기 때문이다. 다음은 당신과 일할 팀장과 CEO들이 채용할 때 반드시 확인하는 조건들에 대해서 이야기하고자 한다.

팀장과 CEO가 원하는 인재

아점프 사이트를 개발하면서 인터뷰에 응했던 팀장들과 CEO 들은 한마디로 냉정했다. 결론부터 이야기하자면 '직무를 알아야 채용한다.' 이다. 학생들의 막연한 생각과 현장에서 뛰는 팀장과 CEO의 생각은 너무나 다르다.

채용에서 팀장의 역할과 주안점

서류 검토

팀장은 1차로 서류 검토를 한다.

그들이 나의 서류를 통해 알고자 하는 것은 다음과 같다.

- 회사에 대해 파악하고 있는가?
- 지원한 부서에 대해 직무 능력을 갖추었는가?
- 기본 스펙 이외에 직무 수행에 필요한 역량, 즉 자격증이 있거나 경험을 했는가?

팀장이 서류를 검토해서, 통과하면 임원이나 CEO에게 면접을 요청한다.

실력 검증

▶ 직무수행에 관해 집중적인 질문공세

전공에 대한 깊이와 기초 업무 능력을 검증한다.

전문가가 되기 위해서는 전공의 깊이가 있어야 하고, 기초 지식이 탄탄해야 한다. 소프트웨어 개발 부서에서 신입사원을 채용한다고 가정해보자. 컴퓨터 관련 전공을 하지 않은 사람은 프로그램을 개발하겠다고 지원하지 않을 것이다. 물론 예외도 있을 수 있다. 그러나 대부분 그와 관련된 분야에서 공부한 사람들이 지원하는 것이 일반적이다.

면접관이라면 공부에 폭과 깊이를 확인하고 경험한 프로그램 개발에 대해 상세하게 알고 싶어 한다. 또한 자신들이 하고 있는 프로그램을 소개하면서 개발 능력과 의지를 물어올 것이다.

▶ 성과 창출

팀제로 운영되는 회사의 경우 팀이 운영하는 자금 계획과 매출, 성과 계획이 수립되어 있다. 신입사원을 채용해서 팀원이 늘어나면 매출이나 성과에 즉각 반영된다. 신입사원이 매출이나 성과에 도움이 되지 않는다면 그 책임을 팀장이 진다. 이렇게 팀장은 신입사원을 채용할 권한을 가지고 있지만 성과에 대한 책임도 져야 한다.

신입사원을 채용했다고 매출이나 성과가 바로 좋아질 수야 없겠지만, 그에 대한 자료 분석과 근본 원인을 찾아내고, 대안까지 연구해서 CEO를 설득시키는 문제가 있기 때문에 팀장도 채용 권한을 쉽게 활용하지 못한다. 그래서 적합한 인재를 찾아내려고 혈안이 되어 있다.

CEO의 역할과 주안점

서류와 기본 자질에 대해서는 팀장이 많은 부분을 점검하기 때문에 CEO는 그런 부분에 대해서는 팀장에게 위임하고 다음의 사항에 집중한다.

긍정적인 사고와 인성

조직에 잘 적응할 수 있는 긍정적인 사고와 인성을 도대체 어떻게 알 수 있을까? 질문을 해보면, 그 사람이 긍정적인 사람인지 부정적인 사람인지를 파악할 수 있으며, 답변을 통해서 인성까지도 파악할 수 있다.

사례로 쌍용자동차 파업 문제에 대해서 여러분의 생각을 묻는다면 어떻게 대답하겠는가?

정부 차원의 입장, 회사 CEO 차원의 입장, 직원 개인의 입장이 서로 다르겠지만 부정적인 답변보다는 긍정적인 답변을 준비하는 것이 좋다. 정답이 없는 시사문제는 개인보다는 CEO 입장에서 문제를 해석하는 것이 바람직하다. 또한 개인들의 안타까운 입장을 표현하면서 대응 방안을 이야기한다면, 인성과 지성을 함께 표현할 수도 있을 것이다.

부정적인 생각을 지닌 사람과 일하고 싶은 사람은 아무도 없다. 즐거운 마음으로 일해도 모자랄 판에 옆에서 함께 일하는 사람도 우울하고 부정적인 사람으로 바꿔버릴 수 있기 때문이다. 가능한 한 긍정적인 사고를 지녀야 취업에 성공한다.

자신감과 도전정신

함께 일하는 직원들은 서로에게 에너지원이 된다. 서로의 역량을 나누면서, 동기부여가 되는 경우도 많고, 롤 모델이 되기도 한다. 서로 같은 목표를 향해서 일하는 사람들은 팀 구성, 즉 함께 일하는 멤버 구성이 무엇보다도 중요하다.

　여러분이 지원하는 회사의 입사 기회는 한 번뿐이다. 성공한 선배들의 스토리를 취재하면서 듣게 된 사실이지만 입사하기를 간절히 원한 나머지 몸이나 얼굴에 경련이 오는 경우도 있고, 평소와는 다르게 횡설수설하는 경우도 있다고 한다. 이런 경우라도 CEO들은 감안해서 평가한다. 따라서 자신감은 목표에 대한 열망과 문제 해결 능력에서 발견할 수 있다고 본다. 목표가 명확하고 준비된 사람이라면 자신감 있는 답변, 바른 태도와 밝은 표정을 유지한다. 할 수 있다는 긍정적인 생각이 자심감과 도전정신을 만들어 낸다.

창의성과 끈기

　사람이 일하던 시대에서 프로그램과 로봇이 일하는 융복합화 사회로 전환되고 있다. 시장의 판세를 바꿀 수 있는 기발한 아이디어가 시장을 선도한다. 신입사원을 통해서 그런 가치를 얻을 수 있다면 큰 수확이다.

　회사일은 며칠 일하고 안 할 것이 아니다. 일이 서로 연결되면서 연속성을 가지고, 새로움을 추구하면서 발전해 간다. 무슨 일이 주어지더라도 끈기 있게 끝까지 할 수 있는 용기가 필요하다. 창의적인 발상을 해본 경험과 끈기를 가지고 추진해서 얻은 성과물이 있다면, 취업을 대비해 스토리를 준비해두는 것이 좋다.

당신을 채용하지 않는 5가지 이유

차별화 시장은 끝났다. 당신을 차등화하면 취업에 성공할 수 있다.

차별화!

차별화란 '다른 것과 차이를 두어 구별된 상태가 되게 하는 것' 이다. 여기저기서 베껴온 자기중심적으로 작성된 서류와는 다르게 톡톡 튀는 문장력으로 특별한 부분을 구사했다면 차별화 되었다고 할 수 있다. 지원한 부서의 직무를 알고 있다면 다른 사람과 차별화 되었다고 볼 수 있다. 이력서나 자기소개서를 작성하는 기법이 탁월한 것도 차별화가 될 수 있다.

서류상으로 차별화했을 경우에는 차별화하지 못한 서류보다는 눈에 더 띌 수 있고, 밥값은 할 수 있겠다고 보일 것이다. 그러나 실제로 채용을 결정하기까지는 심사숙고한다. 눈에는 띄어서 1차 서류 심사에 합격하여 채용의 5~10배수를 뽑는 면접장까지 갈 수 있는 기회를 잡을 수는 있다. 그러나 회사 측에서는 채용을 망설인다. 차별화된 것 중에도 우수한 것을 고를 수 있기 때문이다.

나를 차별화했더라도 기업이 명문대학 출신에 학점이나 토익 점수가 높은 사람을 선택하면 나는 낙방된다. 이것이 차별화의 한계성이다. 차별화만으로는 부족하다.

차등화!

차등화란 '차이가 나는 등급, 또는 등급의 차이' 를 말한다. 다시 말하면 상위 등급과 하위 등급으로 나뉠 수 있다는 말이다. 차등화는 수직 개념이다.

차등화하는 것은 무엇을 의미할까? 등급을 상위로 올린다는 의미다. 학교의 브랜드나 지역, 성적이나 토익 점수로는 경쟁이 치열해서 취업이 불가능하지만 등급을 올리는 가치 있는 생각을 하는 것은 가능하다.

차등화하는 것은 기업이 볼 때 '가치 있는 생각' 즉 돈이 될 수 있는 아이디어나 새로운 경쟁 규칙이라 하겠다. 지식만 담은 서류 읽는 사람으로 하여금 관심을 불러일으키기 어려우나, 지식을 지혜롭게 활용해서 차등화하고, 나를 상품화한 서류는 월등한 가치를 제공하는 등급을 얻음으로써 당신을 유리한 고지로 이끌 것이다.

명문대학을 졸업하고, 학점도 높게 받은 우수한 인재가 취업에 낙방하는 이유는 무엇일까? 기업이 사람을 채용하는 기준이 달라졌기 때문이다.

전통적인 비즈니스가 이루어지던 시대에는 4년제 대학을 졸업하고, 성적만 적당하면 여러 회사 중에서 적당한 회사를 골라갈 수 있었다. 당시에는 경제 성장률이 1%에 일자리 5~6만 개 정도가 만들어졌다. 6%의 경제 성장률에서는 30만 개 정도의 일자리까지도 만들어졌다.

그러나 지금 같은 디지털 글로벌 시대에 기업이 국제 경쟁력을 갖기 위해서는 자동화 프로그램이 필수이다. 그래서 1% 성장하는데 겨우 1.5만 개의 일자리가 생기고 경제 성장률 3%대 성장에는 대략 4.5만 개의 일자리가 만들어질 뿐이다. 한 해 30만 명의 졸업생이 배출된다면 25.5만 명이 일자리를 찾지 못한다는 결론이 나온다.

매년 배출되는 30만 명의 졸업생 중에서 당신의 위치는 어디인가? 성적을 매기자면 4.5만 등에 들지 못한다면 취업이 불가능한 상태임을 알 수 있다.

불행 중 다행히도, 기업은 성적순으로 사람을 뽑지 않는다. 학교에서의 우등생이 사회에서 우등생이더라는 선례가 많지 않음을 알기 때문이다. 또 학교에서의 열등생이 사회에서 일등 못하라는 법도 없다. 명문대학의 간판과 우수한 성적을 얻지 못한 사람들이 더 많다. 그래서 특별한 전략을 연구해서 자기소개서에 담아낸다면 학벌을 갖춘 사람보다도 더 높은 점수를 받을 수 있다.

강의를 하다 보면 전문대학과 지방대학에서 공부하는 학생들이 의기소침해 있고, 자신감을 잃어버리거나 목표 의식이 부족하다는 느낌을 많이 받는다. 하지만 전혀 그럴 필요가 없다는 말을 해주고 싶다.

시장 경제에서 기업은 싸움이 더 치열해지고 있다. 인력 시장에서는 기업에 기여할 우수한 인재, 특별한 인재를 찾는다. 여기서 특별한 사람이란 밥값 하는 사람과 기업에 돈을 벌어줄 사람을 말한다. 따라서 성적에 매진하기보다, 사회에 나가기 전에 자신을 관리하고 연구해서 경쟁력 있는 차등화 전략으로 효과적인 자기소개서를 작성하면 명문대학을 졸업한 사람보다 더 대접받는 엘리트 사원이 될 수 있다.

자기중심으로 작성한 서류

채용에 실패한 경험이 있다면 그 서류를 다시 차분하게 읽어보기 바란다. 지원한 회사에 도움이 될 수 있는 아이디어를 제시한 흔적이 있는가? 지원한 부서의 업무 수행에 대하여 구체적으로 기록한 사실이 있는가? 아니면, 처음부터 끝까지 자기 자랑만 늘어놓지는 않았는가? 스스로 찾아봐라. 이러한 내용이 없다면 낙방한 이유가 충분하다.

입사 원서를 보내는 사람, 즉 샌더(sender)는 자신의 생각을 담아서 채용자(receiver)에게 일방적으로 전달한다. 샌더는 자기가 말하고 싶은 것, 중요하다고 생각하는 것, 이해시키고 싶은 것, 강조하고 싶은 것, 자랑하고 싶은 것을 담아 보내고 회신이 오기를 기다린다. 하지만 과연 그 내용이 채용자가 전달받고자 하는 '메시지'인가 하는 것이다. 회신이 없는 경우는 채용자가 기대하는 '메시지'를 받지 못해서이다.

기업의 인사 담당자와 임원들은 지원한 서류 중 대략 67%가 자기중심적으로 작성된 서류라고 말한다. 이들은 서류 위의 한두 줄만 보고도 휴지통에 던져버릴 서류인지 아닌지를 결정할 수 있다고 한다.

대부분 취업생들은 높은 학점을 얻고 토익 점수를 높이는 데 집중한다. 그러다 보니 다른 경험을 할 기회가 많지 않다. 그래서 대부분 서류를 공부하고 장학금을 받은 사실 또는 학교 동아리 활동 중심으로 기술한다.

학점과 토익 점수가 높은 학생은 우수한 인재임이 틀림없다. 하지만 지금은 기업 채용 기준이 달라졌다. 기업은 우수한 인재보다는 기발하고 대담한 발상으로 특별한 아이디어를 제공하거나, 채용과 동시에 자신의 업무를 수행할 수 있는 밥값 하는 사람을 더 선호한다. 성적이 우수한 인재보다는 실전에 강한 인재를 더 선호하는 것이다.

자기 자랑을 하는 우수한 인재는 너무 많지만 특별하고 대담한 아이디어를 제공하는 사람은 거의 없다. 식상한 내용으로 자기중심적인 서류를 작성해서 기업에 보낸들 단 한 곳이라도 당신을 불러주는 기업은 없을 것이다. 기업이 목말라 하고, 갈증을 느끼는 부분을 찾아서 대안이나 전략을 제시할 수 있는 서류를 작성해야 한다.

자기중심적으로 작성된 자기소개서의 사례를 보면서 잘못된 점과 개선할 점을 짚어본다.

아줌마 같은 아가씨

부산에서 서울로 대학을 와서 일찍이 부모님 곁을 떠나 독립된 생활을 하게 되었습니다. 또래들보다 조금 일찍 혼자 생활하는 것을 익히고, 여러 가지 생활용품이나 식품 등을 직접 구매하는 과정에서 홈플러스와 가까워졌습니다. 매주 주말이면 집과 가까운 홈플러스에 가서 장을 보고 다양한 음식을 직접 차려먹곤 합니다. 홈플러스 특가 세일(수박 7,700원) 문자에 마트로 곧장 달려가는 싱글족입니다.

- 제목이 지원 동기 타이틀로는 부적절하다.
- 부산에서 서울로 와서 대학생활을 한 것은 이력서에서 확인했는데 앞 부분에 장황하게 기록함으로써 식상한 글이라는 인상을 준다.
- 기업이 듣고자 하는 지원 동기의 '의도'를 파악하지 못했다.
- 전달하려고 하는 핵심 내용이 뒷부분에 나온다.

- 기업의 갈증 요인을 해소하는 주제를 쓴다.

예를 들어, '싱글족을 겨냥한 신상품 개발자'라고 하면 어떨까? 담당자는 자기 회사의 고객 중에 싱글족이 차지하는 비중이 커 가고 있으나 특별한 대응 전략이 없었다면 아이디어를 찾기 위해서라도 서류를 끝까지 읽어보게 될 것이다.

- 결론을 맨 처음 써라.

맥킨지 컨설팅의 바바라 민토(Barbara Minto)의 『문서작성법(Writing Skill)』에 보면 결론을 위에 제시할 경우 so what(결국 어떻게 되었다는 말인가?) 또는 why so(왜 그렇게 말할 수 있는가?)를 찾기 위해서라도 끝까지 읽어보게 된다.

- 시장 판세를 읽고 가치 있는 경쟁을 하기 위한 전략을 제시하면서 본인이 그 일을 수행할 수 있다는 능력을 보여주어라.
- 아이디어 제시나 일을 잘할 수 있다는 능력 중 한 부분만을 전달할 경우를 차별화 전략이라고 한다면, 아이디어를 제시하고 업무를 수행할 수 있는 능력까지 전달할 수 있는 기술이 차등화 취업 전략이다.

잘못된 점

- 세일즈맨으로서의 본인 능력에 대해서는 언급하지 않았다.
- 일반적인 내용으로 기술되어 식상한 느낌을 준다.
- 채용해주면 잘하겠다는 의지만 보인다.

개선할 점

- 지원한 이유나 채용 가치를 타이틀로 제시하라.

읽는 사람으로 하여금 읽을 가치를 먼저 보여주는 것이 타이틀이다. 타이틀로 우선 시선을 사로잡을 수 있어야 한다.

- 세일즈맨의 역할과 직무에 대한 중요성, 그리고 경험한 사실을 바탕으로 업무를 수행할 수 있다는 내용을 적어야 한다.
- 디지털 시대의 복합판매기법에 대한 최신 버전의 세일 기술과 전략적 세일링의 중요성에 대해서 언급하면 좋다.

차별화도 못 시킨 자기소개서

두루뭉술한 내용으로는 자기소개서를 차별화했다고 볼 수 없다. 차별화한 서류는 최소한 지원한 부서의 업무에 관련된 이야기를 하거나, 지원하는 회사가 앞으로 갈 방향에 대해 자신의 의견을 말하거나, 업무 수행 경험, 능력 또는 제품에 대한 소비자의 반응을 이야기하면서 대안을 제시하는 등의 내용이 포함되어 있다.

차별화를 하지 못한 자기소개서 두 가지를 보자.

업무 역량 및 열정

두근두근, 자기소개서를 쓰는 동안 남자친구를 만나러 갈 때처럼 흥분됩니다. 업무에서는 제품과 시장에 대한 정확한 관찰력과 분석력으로 브랜드를 통해 고객과 가장 가깝게 소통하는 사람이 되겠습니다.

회사에서는 언제나 믿을 수 있는 사람, 같이 일하는 것이 즐겁고 일조차 즐겁게 만드는 사람이 되겠습니다. 더 나아가 새로운 일에 대한 지치지 않는 도전 정신을 가지고 세계로 도약하는 ○○패션의 다양한 브랜드로 각국 소비자와 소통하는 사람이 되겠습니다.

이것은 모 기업의 채용 서류 중 업무 역량 및 열정을 묻는 내용이지만 특별한 내용이 없어서 1차 서류 심사에 낙방한 자기소개서이다.

잘못된 점

- 불필요한 이야기를 썼다.
- 지원한 부서의 업무를 수행할 수 있는 본인 역량에 대한 내용이 없다.
- 식상한 내용으로 일관했다.
- '채용하면 일할 수 있겠다.'란 믿음을 주지 못했다.

개선할 점

- 감성적이기보다는 이성적으로 접근하라.
- 업무 역량에 대해서 구체적으로 기술하라.
- 실제로 처리했던 경험을 이야기하라.
- 타이틀을 적어서 먼저 시선을 사로잡아라.

67%의 사람들이 이런 형태의 글을 자기소개서에 작성한다. 그리고 높은 학점과 토익 점수에 믿음을 가지고 기다린다. 명문 대학에 높은 학점과 만점에 가까운 토익 점수를 기업에서는 원하지 않는다. 기업은 최고의 인재를 찾는 것이 아니다. 업무에 가장 적합한 인재를 찾는다. 지원한 부서의 업무를 수행할 수 있는지

를 묻는 질문에는 업무를 수행할 수 있다는 사실을 구체적으로 기록해야 한다.

감성적이거나 두루뭉술한 내용을 좋아하지 않는 이유는 읽을 가치가 없기 때문이다. 지원한 부서의 일을 할 수 있다고 구체적으로 표현할 수 있는 것은 그나마 준비된 사람으로 보인다.

일단 차별화하면 담당자는 1차 서류 심사에 합격했다는 통지서를 보낼 것인가를 고민한다. 왜 고민할까? 차등화한 사람이 나타나면 그 사람에게 서류 심사 합격 통지서를 보내게 된다. 그러므로 차별화보다 차등화한 사람이 서류 심사에서는 높은 등급을 얻기 때문이다.

지원 동기 및 포부

유럽 여행을 갔을 때 런던 히드로 공항에 있던 애니콜의 휴대폰 조형물을 보면서 세계의 중심에 삼성전자가 있다는 것을 느꼈습니다.

끊임없이 새로운 기술에 도전하고 미래를 개척하는 삼성전자에서 새로운 것에 호기심이 강하고 변화를 스릴로 즐기는 저의 능력과 비전을 펼쳐보고 싶습니다. 그리하여 긍정적인 영향력을 끼치는 리더로서 삼성전자의 경영 이념인 인재와 기술을 바탕으로 최고의 제품과 서비스를 창출하여 인류사회에 공헌하는 긍적적인 영향력을 끼치는 기업으로 만들고 싶습니다. 단말기 하나로 모든 것이 실현 가능한 세상을 만드는 4G 기술과

와이브로를 이용해 글로벌 로밍벨트를 구축하는데 도전해보고 싶습니다.

　1%의 천재가 모든 사람을 이끈다고 합니다. 남은 학생 생활과 앞으로 다가올 수많은 일들을 긍정적인 사고와 열정을 가지고 노력하는 자세로 도전한다면 장래 그 1%의 천재가 될 수 있을 것이라 생각합니다.

잘못된 점

- 전반부를 식상한 내용으로 기술하였다.
- 자신의 능력에 대한 내용이 빠졌다.
- 특별한 아이디어를 제공하지 못했다.
- 업무경험을 구체적으로 제시하지 못했다.

개선할 점

- 타이틀로 시선을 멈추게 하라.
- 문제를 제기하고 대안을 제시하라.
- 구체적인 분야를 명시하고, 미래 비전을 제시해야 한다.
- 업무를 수행할 수 있는 역량을 보여라.

"Best choice for the Rest of my life"

기업은 고객의 '니즈'가 아닌 '원츠'로 움직이는 시대입니다. 고객이 필요에 의해서 회사를 찾는 것이 아니라, 회사가 고객들의 마음을 움직이기 위해서 발 빠르게 움직여야 합니다. 이러한 면에서 ○○코리아는 제가 지향하는 이상적인 기업 비전을 가지고 있습니다.

고객에게 회사의 정보를 제공하지 않고도 그 존재 이유를 명확히 이해할 수 있게 해주는 브랜드 콘셉트를 가지고 혁신적인 경영과 마케팅 활동을 펼쳐 왔기에 이제 고객들은 '아이스크림' 하면 '○○코리아'를 떠올리게 되었습니다. 저는 끊임없이 고객의 원츠를 충족시키기 위해 노력하는 ○○코리아의 개물성무(開物成務)적인 기업 이념을 동경하여 왔기에 영업 전문가가 되기 위한 저의 꿈을 꼭 이곳에서 실현해 보이고 싶습니다.

입사 후 저는 먼저, 영업 관리 업무를 심도 있게 배우며 연령별 고객의 성향을 분석하기 위한 정보를 수집하겠습니다. 무엇보다도 자사 제품이 고객의 마음에 닿게 하는 것이 중요하므로, 현장에서 철저하게 업무를 실행하면서 고객을 매혹시키는 창조적인 기획안을 내는 데 주력하겠습니다.

다음으로, 사람을 너그럽게 이해하고 존중할 수 있는 성품을 더욱 갈고 닦아 동료들과 서로를 격려하는 좋은 팀을 만드는 데 노력할 것입니다. 인재는 준비된 환경에서 만들어집니다. 우애 있는 사내 인간관계를 만든다면 동료들과 함께 더 좋은 성과를 낼 수 있을 것입니다.

마지막으로, 글로벌 시대에 부합하는 인재가 되기 위해 외국어 또한 열심히 배워서 해외 주재원의 기회를 잡고 싶습니다. 선진적인 외국의 경영 방침을 경험하여 회사 발전에 이바지하고 향후 후배들에게 실전에서 배운 영업 관리의 노하우를 전수해줄 것입니다.

● 입사 후 본인이 할 업무에 대해서 명쾌하게 설명했다.
● 조직원으로서 팀워크에 대한 중요성을 인식하고 있다.
● 향후 포부에 대해서 주재원의 기회를 잡기 위해 노력하겠다는 의지를 보였다.

기발하고 대담한 아이디어를 제공한 것은 아닐지라도 자신이 지원한 부서의 업무나 본인이 할 업무에 대해서 명쾌하게 기술한 사실은 앞에서 보여준 사례와는 차이가 있다. 어느 한 부분만 차별화하면 담당자의 눈에는 띄겠지만 바로 채용하겠다는 의사를 결정하기에는 다소 어려움이 있다. 차별화된 사실만으로는 밥값 할 수 있는 사람이라 확신하기 어렵기 때문이다.

읽을 가치가 없는 자기소개서

지원자들이 제출한 서류를 읽는 담당자는 모든 것을 3초 안에 결정할 수 있다. 수많은 서류를 봐왔기에 첫 단어 또는 첫 줄만 봐도 면접에 초대할 사람들을 식별할 수 있다.

읽을 가치가 없는 자기소개서 사례이다.

성장 과정

왕자님을 얻기 위해 기도하는 한 가정이 있었습니다. 세 명의 공주님을 얻은 후에 비로소 기다리던 왕자님을 맞이하였습니다. 그중에 둘째 공주는 부모님께서 지어주신 이름 ○○○처럼 빼어나고 아리따운 안목을 지닌 이 회사가 찾는 바로 그 인재입니다.

항상 어른에 대한 공경과 형제간의 우애를 강조하신 부모님 덕분에 주위 분들로부터 예의바르고 사려 깊다는 칭찬을 많이 들었습니다. 또한 오랜 세월 봉사 활동을 해 오신 부모님으로부터 더불어 사는 삶을 늘 가까이 해왔습니다. 덕분에 다른 사람을 이해하고 배려하는 것이 자연스러웠습니다. 이러한 것들이 지금 저의 성격에 큰 영향을 미쳤습니다. 원만한 대인관계와 긍정적이고 밝은 성격은 지금의 저를 지탱하는 가장 큰 힘이 되고 있습니다. 초등학생 때부터 각종 미술 대회 입상으로 적성과 소질을 발견하고 예술고, 미술대학에 들어가 전공할 수 있었습니다.

앞에 서류는 모 휴대폰 회사에 지원한 사람의 자기소개서 중 성장 과정에 대해서 작성했던 내용이다. 담당자는 이 글을 읽으면서 "소설을 써요, 소설을."이라고 생각했을 것이다. 그리고는 바로 휴지통으로 던져버릴 것이다. 왜냐하면 읽을 가치가 없기 때문이다.

- 기업은 세 명의 공주님이나 이름의 뜻까지 알 필요가 없다.
- 미술 대회 입상한 자랑거리와 지원한 부서 업무는 무슨 상관이 있는가?
- 예술고와 미술대학을 졸업하고 왜 고객 서비스센터를 지원했는지 알 수 없다.

기업은 글 잘 쓰는 소설가를 찾지 않는다. 글을 잘 쓰는 사람을 찾는다면 문예창작을 전공한 사람이면 충분할 것이다.

기업은 수익을 내야 생존한다. 철저히 실리를 추구한다. 그래서 지원한 부서의 일을 잘 처리할 수 있는 사람을 찾는다. 서류의 처음부터 끝까지 모두 지원한 부서를 공부했거나, 지원하게 된 배경과 동기부터 시작해서 업무를 수행할 수 있다는 구체적인 사실과 지원한 회사에 돈을 많이 벌어주고 회사의 명성을 널리 알릴 수 있는 비전까지 담은 밥값 하는 사람을 찾고 있다.

여러분이 회사의 경영자라면 어떤 사람을 채용하겠는가? 인물이 잘 생겨서 쳐다보기만 해도 기분 좋은 사람들만 다 채용하겠는가? 아니면 성격이 좋아 보인다고 채용하겠는가? 여러분 스스로 기업을 경영하는 사람의 입장이 되어서 자기소개서를 작성하기 바란다.

　읽을 가치가 없는 서류는 자기 이야기만 늘어놓았거나 자랑만 했거나 묻는 주제와는 다른 이야기가 적혀 있다. 다음은 읽을 가치가 있는 자기소개서다.

희망 업무 및 준비 과정

"기업전략실행의 주체라는 자부심을 바탕으로"

　영업 관리 부서는 기업의 전략을 실행하는 핵심 파트이며 실질적인 기업 혁신의 주체라고 생각합니다. 회사의 방침이 효과적으로 시행되도록 매장을 관리하고, 접점에서는 고객의 목소리를 회사에 전달하는 준비된 영업부 인재가 되기 위해 저의 적성을 발견하고 경험을 쌓는 데 주력해 왔습니다.

　첫째, 21세기는 웹의 시대로 모든 작업이 컴퓨터에 관한 신지식을 기반으로 이루어지고 있기 때문에 학교에서 전공인 멀티미디어를 통해 최신 기술 동향을 파악하고, 바바라 민토의 '생각의 구조'와 같은 강의를 수강하며 뛰어난 커뮤니케이션 스킬을 기르기 위해 훈련하여 왔습니다.

　둘째, 국내외의 다양한 일 경험, 그중에서도 백화점 영업 관리 실습을 통해 고객 응대와 인적 자원 관리 등의 업무를 배우며 서비스 마인드의 기본기를 탄탄하게 다지고 적성에 대해 확고한 신념을 가질 수 있었습니다.

　셋째, ○○사의 영업 관리직을 목표로 수시로 매장을 방문하면서 신제품과 새 프로모션을 관심 있게 지켜보는 과정에서 더 큰 애사심이 생기게 되었습니다. 이는 향후 업무로 저의 열정을 불태울 수 있게 하는 근본적인 동기가 되어줄 것입니다.

　지원한 업무에 대해 준비했던 과정들과 수행 업무에 대해서 구체적으로 기술하고 있다. 또한 유사한 업무를 가지고 있는 백화점 실습 경험을 바탕으로 고객 응대 및 서비스 마인드를 갖춘 인재임을 밝히고 있다. 서류만으로 봐도 이 사람을 채용하면 자기 업무는 수행할 수 있겠다는 생각을 하게 된다.

인터넷, 책에 나온 예문을 그대로 베껴 쓰는 사람

　취업지원실에 컴퓨터를 보며 뭔가를 열심히 작성하는 학생들이 있었다. 무엇을 하는지 궁금해서 봤더니 남의 이력서를 옮겨 적고 있었다. 너도 나도 다 아는 식상한 이야기를 옮겨 적는다고 무슨 가치가 있겠는가?

채용 시즌이 되어 하루에도 수백 통의 지원 서류를 읽는 인사 담당자들은 비슷비슷한 내용의 서류나, 최악의 경우 같은 내용의 서류도 몇 건씩 본다고 한다. 인터넷에 떠도는 내용, 취업을 대비하는 책에 나오는 내용, 회사 홈페이지에 나오는 내용을 그대로 베껴적는다면, 탈락의 지름길이 된다는 것을 명심하기 바란다. 비단 개인에 대한 불신에 그치지 않고 그 사람이 속한 학교 전체의 불신으로 이어질 수도 있다.

다음은 인터넷에 널리 떠돌며 많이 인용되는 자기소개서이다.

> **장·단점**
>
> 밝은 성격으로 마음을 열고 타인을 대하기 때문에 원만한 인간관계를 유지하고 있습니다. 자신의 일에 충실하고 맡은 바 임무를 수행하는 것이 기본이라고 생각하며, 이러한 원칙에 어긋나지 않도록 성실하고 근면하게 생활하고 있습니다. 그리고 목적과 목표가 분명해지면 달성을 위한 적절한 방법과 수단을 선택하여 수행해나가는 추진력을 가지고 있습니다. 어떤 일을 할 때 불만을 갖기보다는 그 안에서 즐거움을 찾아 긍정적으로 받아드리려는 태도를 지니고, 다른 사람들과 조화롭게 균형을 이루는 것이 저의 장점입니다.

다음의 내용도 자기소개서에 적지 말아야 할 내용이다.

　서류에 자신이나 가정의 약점은 적지 말아야 한다. 괜히 좋지 않는 내용을 적었을 경우 책잡힐 수 있다. 약점이 있는 사람과 불안한 가정환경을 가지고 있는 사람을 좋아할 회사는 없기 때문이다. 또 암이나 기타 큰 질병을 극복한 내용도 되도록 밝히지 않는 것이 좋다. 병마와 싸워 이긴 것은 정말 장한 일임에는 틀림없고 본인에게도 축하할 일이다. 그러나 기업은 건강하게 오래 근무할 사람을 원한다. 한 번 크게 아팠었다면 다음에 또 재발할 수 있다고 생각할 수 있기 때문에 본인의 병력은 밝히지 않는 것이 좋다. 기업은 신체가 건강하고 안정적이며 원만한 가정환경에서 자란 사람을 선호한다. 그런 사람이 아프고 불안정한 환경에서 자란 경우보다 모나지 않다고 생각하기 때문이다.

자기소개서를
어떻게 쓰는지 모르는 사람

자기소개서에는 자신의 강점을 논리적으로 잘 표현해야 한다. 자기소개서의 구성은 대체적으로 다음과 같다.

성장 과정

지원한 부서의 공부를 하게 된 배경이나 동기를 기록하여 준비된 사람임을 알려준다.

고향이 어디고, 가족관계가 어떻게 되고, 재산은 적었지만 가정교육은 잘 받았다는 본인에게는 중요하겠지만, 기업에 도움이 되지 않으므로 피하는 것이 좋다. 성장 과정은 자신이 지원한 부서의 업무를, 공부한 배경을 적는 것으로 준비된 사람이라는 이미지를 전달하는 용도로 활용해야 한다.

장·단점

아무도 서류에 자신의 성격을 나쁘다고 할 사람은 없을 것이다. 그렇다면 기업은 왜 성격을 알고 싶어 할까?

사람에게는 고유한 성격이 있고, 직업세계에서는 그런 특성에 잘 맞는 분야가 있다. 개인의 성격과 특정한 직업 간의 연결이 잘될수록, 기업도 발전할 수 있으며, 개인도 일의 만족과 성공의 가능성이 커진다.

○○한 장점은 업무나 조직생활에 ○○한 도움을 줄 것으로 사료되며, ○○한 단점은 ○○한 과정을 통해서 개선 중이다.

표현한 장점은 지원한 부서와 적합한 성향의 사람인가를 본다. 예로 기획부를 지원했다면 남들보다 논리적이고, 문제 해결 능력이 100배는 높아야 한다. 재무부에 지원한 사람이라면 도덕성과 윤리성이 남들보다 100배 높아야 한다. 즉, 자기가 지원한 부서에 적합한 성격과 개성을 가진 인재임을 적어야 한다.

어떤 사람은 단점도 장점인 것처럼 쓰는 사람이 있다. 이런 경우 불이익이 올 수 있다.

지원 동기 🖇

가장 중요한 부분이다. 인사 담당자는 이 부분만 확인하는 경우도 있다. 반드시 들어갈 내용이 있다면,

첫째, 지원하는 부서의 업무를 수행할 수 있는 역량을 표기한다.

둘째, 시장 판세를 읽고 지원사의 차등화 전략을 제언한다.

○○한 업무를 통해서 지원한 업무를 익혔으며, ○○한 아이디어는 효율 경영에 도움이 될 것으로 사료된다는 내용 등을 기록한다. 즉, 밥값 할 사람이라는 인상을 심어주도록 하고 상품화,

차등화 전략 등을 제언한다.

　지원하는 회사의 문제점을 찾아서 대안을 제시해야 한다. 새로운 적과 대결할 새로운 싸움 방식도 제안해야 한다. 업무 개선을 위한 자신의 능력도 입증해야 한다. 차별화보다는 차등화나 상품화 전략으로 자신의 브랜드를 강화하는 가장 중요한 부분이며, 기업이 나를 반드시 채용해야 하는 이유를 밝히는 곳이다. 또한 여러분의 가치를 냉정하게 평가받는 곳이기도 하다.

장래 포부

　업무 분야의 전문가로 성장하기 위한 단계별 전략을 구체적으로 제시하는 것이 포인트다. 또한 전문성을 보유한 혁신 인재임을 암시한다.

　가능한 한 구체적으로 표현하는 것이 좋으며, 자신이 지원한 분야에 미래 비전을 제안하고 대안을 제시하는 것도 좋다. 기업 성장에 영향을 미치고 돈을 벌어줄 수 있는 사람이라는 확신을 심어줘야 한다.

역발상, 괴짜를 선호하는 시장

예전에는 잔잔한 호수에서 조정 경기를 하듯이 여러 사람이 함께 배운 대로 노를 젓기만 하면 기업은 굴러갔다. 특별한 경영 전략이나 마케팅 전략을 개발하지 않아도 시장에서 생존했고, 돈도 벌었다.

그러나 현재의 경영 환경은 급류의 거센 물결과 힘겨루기를 하면서 위기를 헤쳐 나가는 형상이다. 자칫 물살에 휩쓸려 전복 위기에 놓였다고 가정할 때 보트에 승선한 팀원들 모두가 한 방향으로 중심을 이동하면 보트는 바로 전복된다. 이때 누군가는 반대로 몸을 젖혀서 보트의 균형을 유지해야 전복 위기에서 탈출할 수 있다.

기업도 마찬가지이다. 특별한 경영 전략과 마케팅 전략을 연구해야 하고, 남들이 미처 생각하지 못하고 있는 기회선점 요인들을 발견해서 시장의 판세를 이끌어야 한다.

잭 웰치는 '기업은 승리하는 것'이라 했다. 살아남아서 승리해야 조직원도 책임지고, 사회에도 기여할 수 있다. 급류를 타야 하는 경영 환경 속에 배운 대로만 생활하거나 생각하는 모범생은 별로 매력이 없다. 새로운 것이 쏟아져 나오는 세상에 변화하려고 노력하지 않으면 공장 문을 닫아야 한다. 시장에서 살아남을 수 있는 특별한 생각을 누군가 하고 새로운 방향으로 기업을 이끌고, 경쟁에서도 승리할 수 있는 가치를 만들어 내기를 CEO는 원하고 있다.

기업은 프로젝트를 계획하고 실현하여 시장에서 돈을 벌어들여야 한다. 따라서 승리하는 기업이 되려면 조직 내에 늘 건설적인 충돌이 일어나야 한다. 건설적인 충돌이 없는 기업은 위기에 처해 있다고 봐야 한다. 그러나 모범생만 있는 기업 내부는 너무도 조용하다. 주입식 교육에 물든 탓일까? 주어진 일만 한다. 나서서 특별한 제안을 하는 사람도 없다. 서로 눈치만 보고, 책임지려 하지 않고, 본인의 안정에만 관심이 있다. 책임져야 할 일들이 생기기 때문 아니겠는가?

이러한 때 여러분들이 특별하고 가치 있는 생각을 제안한다면 기업에 큰 역량을 안겨준다고 CEO는 생각할 것이다. 모범생들이 생활하는 조용한 분위기를 개선할 수 있는 괴짜를 CEO들은 찾고 있다.

괴짜의 역발상적인 예를 하나 들어볼까 한다.

"책상 다 빼세요!"

책상 앞에 성공의 답이 있는 것은 아니다. 답은 언제나 외부에 있다.

고객은 시장에 있지 책상 앞에 있는 것이 아니다. 사원들이 밖으로 나가서 뛰어다녀야 하는데도 모든 사람이 책상 하나씩을 갖고 있다. 책상을 놓자니, 사무실 면적도 책상 수만큼 커야 한다. 사무실이 크면 클수록 임대료도 많이 나간다. 그런데 책상이 꼭 차 있어도 업무 특성상 하루 종일 비어 있는 책상도 있고, 잠시 아침에 들러 눈도장 찍고 외근하는 직원도 많다. 또 외근하며 답을 찾아 뛰어다녀야 할 사람이 책상에 앉아서 머뭇거리는 경우도 있다.

고객을 찾기 위해서는 몸이 가벼워야 한다. 성공의 답이 있는 시장으로 뛰어다녀야 한다. 업무 지시와 회의는 웹으로 하면 된다. 자기 책상이 있어야 소속감을 갖는다는 생각은 구시대적 발상이다. 목표 관리만 하면 된다. CEO부터 책상을 빼야 한다. 30명이 일하는 회사라면 책상 5개면 족하다.

예를 든 것이 적합한지는 몰라도 역발상에 괴짜 같은 생각임에는 틀림이 없다. 성공의 답은 시장 바닥에 있는 것이 사실이다. 종일 비어 있어야 할 책상을 빨리 걷어내는 것이 기업이 살 길이다.

2

가치를 제공하면
취업에 성공한다

가치 있는 생각과 상품화란 지원하고자 하는 기업의 현재 위치 정보를 파악하고, 그들의 산업을 분석한 다음 문제점을 찾고, 기발하고 담대한 아이디어를 제공하면서 문제를 해결할 수 있는 대안을 제시하는 것이다. 또한 서류에는 읽는 사람으로 하여금 관여도를 높일 수 있는 내용이 구체적으로 표현되어야 한다.

가치란 무엇일까?

기업은 직무에 가장 적합한 사람을 선별해서 채용한다.
그래서 지원 서류에는 반드시 담아야 하는 가치가 있다.
그 가치를 담지 못하면 나의 서류는 휴지통으로 들어갈 것이다.
가치란, Receiver가 찾고 있고, 듣고자 하는 것이다.
기업의 갈증요인을 해소하는 것이다.
지식만 가지고 있는 사람은
성장 과정에 자신의 출생과 가족 이야기를 기록하지만,
지식을 상품화할 줄 아는 사람은 자신이 지원한 업무에 대해
학습하게 된 배경과 능력을 기록한다.
공부와 경험이 직무와 연관되어 있으며,
이미 업무를 수행할 준비가 된 사람임을 밝혀야 한다.

돈이 들지 않는 것이 가치이다

돈이 들지 않는 가치란 무엇일까?

회사에 지원할 때 자신이 아는 업무에 대해서 제대로 전달하는 것이 가치이다. 대졸 신입사원을 지원할 때, 지원 직무에 대해 안다는 것을 반드시 밝혀서, 평가하는 사람들을 설득하지 않으면 채용될 확률이 낮다. 지원하는 직무를 모른다면 채용할 가치도 없겠지만, 채용했다면 여러분에게 일을 가르칠 사람이 붙어야 하기 때문이다. 사람이 붙는다는 것은 비용이 발생한다. 시간이 돈이기 때문이다.

자신이 지원하는 업무를 이미 알고 있는 사람을 채용하면 시간과 비용이 절감될 뿐더러 업무 숙련도에도 차이가 난다. 경력사원을 선호하는 이유는 비용을 조금만 더 지불하면 이미 관련 업무를 경험한 사람을 즉시 현업에 투입하여 활용하고, 업무에 대한 발전적인 커뮤니케이션도 가능하기 때문이다.

특히 돈이 들지 않는 사람 중에서도 기업은 멀티플레이어를 선호한다. 이왕이면 여러 가지를 소화해 낼 수 있는 사람을 찾는 것이다. 축구에서 이영표 선수나 박지성 선수처럼 어떠한 포지션을 맡기더라도 정확하게 수행할 사람을 선호한다.

예를 들어, 요즘 기업에서는 팀의 업무 보고나 신규 사업 계획 등 대부분을 파워포인트를 활용해서 발표한다. 대학교에서 텍스트 형식으로 나열하는 파워포인트는 기업에서 필요로 하는 스킬로는 부족함이 많다. 파워포인트 활용 능력이 우수한 사람은 높은 가산점을 받을 수 있는 기회를 얻을 수 있다.

영어뿐만 아니라 중국어나 러시아어까지 할 수 있는 사람이 있다면 해외 사업에 적극 활용할 계획으로 채용의 확률이 넓어지기도 한다. 위 사례만 보더라도 직무와 파워포인트 작성법, 어학 능력 세 가지를 갖추고 있다면 하나를 갖춘 사람보다 채용에 더 유리하다.

직무에 관련해서는 선배나 멘토를 통해서 자신이 지원하는 업무가 어떤 일을 하는지, 업무 수행에 필요한 프로세스는 어떠한지 미리 숙지해야 한다. 그런 의미로 방학을 이용해 인턴 과정을 밟아보며 지원 직무를 체험하는 것은 큰 의미가 있을 것이다.

돈이 들지 않는 사람의 자기소개서 사례

이미 경험을 통해서 지원하는 아나운서의 업무를 경험했으며,

사내 아나운서의 역할과 소임에 대해서 충분히 이해하고 있다는 내용의 자기소개서이다.

말 잘하는 아나운서가 아닌, 잘 말하는 아나운서

짧은 회사생활이었지만, 홍보팀에서의 경험은 사내 방송 아나운서가 되어 제가 회사의 얼굴이 되고 싶다는 꿈을 가지게 했습니다. 사내 방송 아나운서는 그 기업의 얼굴이라고 생각합니다.

또한 저는 영향력 있는 사람이 되고 싶습니다. 제가 하는 말 한 마디, 제가 보이는 행동 하나하나로 다른 사람들에게 긍정적인 영향을 끼치는 사람이 되고 싶습니다.

사람들은 흔히 아나운서라고 하면 그저 예쁘고 말 잘하는 사람이라고 생각합니다. 하지만 저는 마이크 앞에만 서는 아나운서가 아닌, 카메라 뒤에 서서 회사 일을 취재하고, 카메라 앞에 서서 회사를 알리며, 사원들 뒤에 서서 사람들의 이야기를 듣고, 사원들 앞에 서서 살아가는 이야기들을 전해드리고 싶습니다. 저는 눈에 보이는 방송만 하기 위한 아나운서가 되기보다는 제 두발로 직접 뛰어가며 회사를 알리는 아나운서가 되겠습니다.

말을 하는 것은 누구나 할 수 있는 일이지만, 잘 말하는 것은 제가 할 수 있는 일입니다. 저는 단지 말을 잘하는 아나운서가 아닌, 잘 말하는 아나운서가 되고 싶습니다.

돈을 벌어 주는 것이 가치이다

돈을 벌 수 있는 아이디어를 제공해야 한다.

여러분이 지원하는 회사가 속해 있는 산업이나 경쟁관계, 신규 아이템, 소비자의 요구 사항 등을 고려해서 대범한 아이디어를 만들어 제공하는 것도 훌륭한 가치다. 지금까지는 특별한 경영 전략을 개발하지 않아도 시장의 상승세에 편승해서 기업을 유지했으나, 이제는 경쟁이 치열하고 글로벌 기업까지 침범해서 핵심 산업이나 가치를 가지지 못한 기업은 퇴출 위기에 처해 있다고 볼 수 있다.

이 책을 쓰게 된 이유 중 하나는, 신입사원이든 경력사원이든 지원하는 회사에 돈을 벌어줄 수 있는 사람이 되는 기발한 전략을 제시할 수 있는 방법을 가르쳐주고 싶어서다. 기업에 돈을 벌어주려면 전통 방식의 비즈니스를 분석해서 기발하고 새로운 아이디어를 제공하거나, 기존에 문제가 되고 있는 것들을 찾아서 성과를 낼 수 있는 최적의 대안을 제시해야 한다.

기업에 돈을 벌어줄 수 있는 전략의 예이다.

- 라인 조직을 수평 자율 경영 조직으로 전환해서 1인 경영 구조로 만들어야 한다.
- 일정하게 지급하고 있는 급여 테이블을 성과 중심으로 지급할 수 있도록 해야 하며, 직원들의 머릿속에 성과의 계산법이 명쾌하게 그려져 있어야 한다.

기업에서 문제가 되거나 새로운 성과를 내기 위해서 개선해야 할 부분의 예이다.

- 지원사의 현재 경쟁자와 출현 가능한 새로운 경쟁자를 발견해서 새로운 경쟁 방식을 제시할 수 있어야 한다.
- 조직원 스스로 동기부여가 되어 성과의 걸림돌을 찾아서 제거할 수 있는 아이디어를 제공해야 한다.

돈을 벌어 주는 사람의 자기소개서 사례

"혁신적 아이디어를 통해 회사 발전에 기여하겠습니다"

국내 시장은 이미 포화 상태이고 각종 규제로 시장이 매력을 잃은 지 오래입니다.

단점을 극복하는 데 회사의 자원을 이용하기보다는 LIG건영만이 가진 장점을 찾아 더욱 강화하는 것이 회사 발전의 지름길이라 생각합니다. 그래서 올바른 LIG건영의 새로운 기회는 해외 시장과 국내 시장에서 기존 업체가 제시하지 못한 특별한 가치를 제공하는 데서 찾아야 합니다.

한 가지 예로 현재의 주택 시장에서 분양이 풀옵션 방식으로 이루어지는데 이를 고객의 다양한 개성에 맞춰 '옵션 방식'으로 제공한다면 많은 호응을 얻을 수 있으리라 생각합니다.

앞으로의 시장은 시장점유율 경쟁에서 미래 발생 가능한 '기회선점 경쟁'으로 바뀐다고 생각합니다. 그래서 미래의 위협 요소에 대비하고 LIG건영만이 제공할 수 있는 가치를 통해 변화를 선도하고 기회를 선점한다면 국내 10위를 넘어 세계 10위로도 도약할 수 있다고 자부합니다.

창조적이고 혁신적인 기획과 제안을 통해 LIG건영 발전에 기여하고 싶습니다.

　한국 내 건설 회사들은 풀옵션 방식으로 아파트를 설계하고 있다. 그러나 시장 환경은 높은 분양 가격에 건설 원가 공개 요구로, 소비자는 민감하게 반응하고 있는 실정이다. 이러한 점을 감안해서 옵션 방식을 선택하면 분양가도 낮출 수 있을 뿐만 아니라, 구매자의 자금 사정에 맞게 본인이 내부 시설을 결정할 수 있다. 새로운 싸움의 방식을 제안하는 것이다. 이 사람이 기업에 돈을 벌어줄 사람이다.

회사의 명성을 알리는 것도 가치이다

에이스 침대는 한국 가구 산업의 대표 브랜드가 되었다.

에이스 침대가 성공한 동기는 멋진 슬로건 때문이라고 생각한다.

"침대는 가구가 아니라 과학입니다."

과학이란 단어가 주는 믿음과 신뢰를 사람들은 기억하고 그것이 물건을 구매하는 동기가 되었다. 어떤 회사는 신입사원 모집 서류에 회사의 슬로건을 만들어 제출하게 한다. 슬로건이나, 브랜드 콘셉트(brand concept)를 개발해서 제안하는 것도 여러분의 가치를 높이는 좋은 전략이다.

회사 브랜드를 제안하는 사례

브랜드 콘셉트를 개발해서 제안한 사례를 들어본다면 다음과 같다.

다시다 : "고향의 맛" 시장에 조미료가 많습니다. 그러나 주부들은 다시다를 선택합니다. 왜냐하면 고향의 맛이기 때문입니다.

비트 : "때가 쏘옥 빠집니다." 때가 쏘옥 빠지기 때문에 주부들이 선택합니다.

삼성 : "다릅니다." 삼성이 만들면 다릅니다. 뭔가 특별한 가치가 있어 보여 구매합니다.

회사의 브랜드 콘셉트가 시대나 목표 고객과 맞지 않는다고 느낀다면 새로 제안해보자.

'○○자연 마루'로 알려진 회사는 기업 간 사업을 진행하는 일반인에게는 조금 낯선 기업이다. 기업 간 거래를 위주로 하는 회사라도 최종 고객은 일반 소비자일 수밖에 없다. 소비자가 ○○사의 브랜드 제품을 고집하면, 기업은 그 제품을 쓸 수밖에 없는 것이다. 그래서 ○○기업은 고객에게 친숙하게 다가가기 위한 전략으로 마케팅과 홍보팀을 중심으로 신입을 채용했다. 이 회사에 제안한 제자의 아이디어는 다음과 같다.

- Eco World -

목재 주거 환경기업이라는 특성과, 현재 새로운 패러다임으로 인식되는 녹색 친환경 사업과 친숙한 이미지를 ECO라는 단어와 결합하였다.

이와 관련하여 고객에게 친숙하게 다가갈 수 있는 고품격 목재 주택 전략으로 'Eco Zone'을 제시했다. 서류는 당연히 통과되었고, 기업에 큰 호평을 받았으며, 면접을 열심히 준비 중인 것으로 안다.

기업(Receiver)이 요구하는 역량

기획 & 문서 작성

회사에 입사해서 업무를 수행하려면 많은 역량이 필요하다. 그러나 대학 강의만으로는 업무에 필요한 역량을 배울 수 없다.

2005년 12월에 전국경제인연합회(전경련)가 기업을 대상으로 신입사원들이 갖추어야 할 역량에 대해 설문조사를 하였다. 그 결과 기업에서 가장 필요로 하는 것은 기획과 문서 작성 능력이었다. 기업은 돈을 벌 계획을 수립하거나, 지금보다 더 좋아지기 위해서 늘 기획서를 작성한다. 그런데 대학을 갓 졸업한 신입사원에게 '기획서'를 작성해보라고 하니 제대로 작성할 수 있는 사람은 많지 않았던 것이다.

문서에는 여러 가지가 있다. 제안서, 품의서, 출장보고서, 업무보고서, 사업계획서 등 다양한 문서들이 있지만 이것 역시 대학을 졸업한 신입사원들에게 시킬 수 없는 일이다. 학교에서 리포트는 많이 제출했지만 기업에서 사용하고 있는 양식이나 툴로 문서를 작성해본 경험이 없기 때문이다. 대학에서는 학생들이 이러한 과정을 이수할 수 있는 기회를 제공해야 한다.

기업이 원하는 교육 과정

- 출처 : 2005.12. 전경련 발표 -

학교에서 기획과 문서 작성법을 수강할 기회가 없다면 외부 교육기관을 통해서라도 수료해야 한다. 수료한 흔적이 있으면 가산점을 얻는다. 필자는 개인적으로 맥킨지식 문서 작성법을 공부해보기를 권하고 싶다. 맥킨지식 문서 작성법은 일반 문서 작성법과 작성 툴과 기법이 다르다.

하얀 백지 위에 여러분이 생각하고 있는 것들을 명쾌하게 표현할 수 있다면 얼마나 멋진 일이겠는가? 그러나 더 중요한 것은 읽는 사람이 여러분의 생각을 이해할 수 있어야 하는 것이

다. 그런 측면에서 맥킨지식 문서 작성법은 여러분의 생각을 상
대방에게 정확하게 전달시킬 수 있는 수준 높은 테크닉을 전수
한다.

영어

영어가 왜 필요한가 하는 것은 여러분도 잘 알고 있으리라 본
다. 영어는 글로벌 시대에 비즈니스의 기본이다. 장비나 매뉴얼
의 대부분도 모두 영어로 되어 있다. 국가 간 무역 협정이 활발
해지면서 이제는 영어뿐만 아니라 중국어나 러시아어까지도 요
구하고 있다. 토익 점수를 높이기 위해서 공부하는 것은 기업이
원하는 커트라인만 준비하면 된다. 가능한 비즈니스를 위해 필
요한 수준의 회화 실력을 갖추라고 권한다.

프레젠테이션 스킬

회사에서는 파워포인트를 활용하여 사업계획서나 업무보고
서, 시장 조사에 대한 결과보고, 판매 실적 등을 모두 프레젠테
이션으로 진행한다. 프레젠테이션(presentation)은 자신의 이야
기를 상대방에게 설득하는데 많이 사용된다.

프레젠테이션 성공 요인으로는 발표력이 70%, 파워포인트
기술력이 30% 정도 차지한다. 결국 문서를 잘 만들지 못하더라
도 발표력이 더 중요하다고 할 수 있다.

그러나 30% 정도 비율을 차지하는 발표 자료라도 보는 사람들로 하여금 관여도를 높일 수 있도록 제작하는 것이 중요하다. 파워포인트로 작성한 발표 화면이 조잡하게 작성되었거나, 텍스트 형식으로 많은 내용의 글만을 담고 있다면 보는 사람들은 산만하게 되고, 집중력이 떨어진다. 파워포인트로 작성하는 자료는 가능한 한 말을 줄이고 도해화하거나 이미지를 사용하여 간단하게 만드는 것이 더 효과적이다.

컴퓨터 활용 능력

컴퓨터에 관련해서는 다양한 프로그램을 사용할 수 있는 역량도 중요하지만, 자격증을 취득하면 가산점을 얻는다. 여러분을 선발하는 임원들은 컴퓨터 활용 능력에 미숙하다. 따라서 컴퓨터 관련 자격증이 있거나 활용 능력이 우수하면 높은 가산점을 받을 수 있다.

아점프 취업에 성공한 선배들의 스토리를 취재하면서 확인한 사실은 현업에서 가장 많이 사용하는 컴퓨터 프로그램은 한글, 엑셀, 파워포인트 순이었다. 지원 부서와 관련된 컴퓨터 자격증이 있으면 가산점을 얻는 동시에 그 분야에서 전문성을 보유한 사람으로 인정받기 때문에 취업 성공 확률이 높다. 컴퓨터 관련 자격증도 가능한 한 저학년 때 취득해두는 것이 좋다.

기업 실무

앞서 여러 번 강조했듯이 지원하는 직무를 모르면 채용할 가치가 없다. 인턴사원으로 근무하면서 직무를 체험했거나 비정규직, 아르바이트로 업무를 경험했으면 가산점을 얻을 수 있다. 그런 경험을 만들 시간이 없다면, 외부 교육기관을 통해서 직무 과정을 수료하는 것이 좋다. 지원하는 직무에 대해 이해하고 지원 분야의 업무 수행 능력에 대해 구체적으로 기술하는 경우에도 가산점을 받을 수 있다.

기업 실무를 알고 있는 사람은 면접에 초대될 것이며, 직무를 경험한 사람들에게 묻는 것은 직무 수행 능력의 확인일 뿐이다. 반면에 직무 수행 능력이 없는 사람은 가치를 지니지 못했기 때문에 취업할 수 없다.

인턴 과정을 통하던 비정규직이나 아르바이트, 사외 교육기관이 주관하는 직무 과정을 통해서라도 반드시 지원부서의 업무에 대해 충분히 숙지하거나 경험하는 것이 취업 성공의 왕도임을 명심하기 바란다.

프로젝트 수행 능력

학생 신분으로 프로젝트(project)에 참여할 수 있는 기회는 별로 없을 것이다. 그러나 기업에서는 프로젝트를 수행해본 경험자를 선호한다. 프로젝트의 특성상 여러 사람이 모여 각자 가능한 분야를 맡고, 최종 취합한 자료들을 바탕으로 결과물을 산출한다. 프로젝트를 수행하다 보면 팀워크와 리더십도 경험하게 되고, 맡은 업무의 중요성도 깨닫게 되고, 진행되는 프로세스를 이해하고, 회의나 팀원 간 커뮤니케이션을 통하여 결과물이 산출된다는 사실을 경험하게 된다. 어쩌면 회사란 곳은 프로젝트를 수행하고, 시장에서 인정받아서 수익을 창출하는 집단이라 할 수 있다. 프로젝트를 경험한 사실은 채용의 판도를 바꿀 수 있을 정도의 가치를 지닌다.

외국 학생들은 고등학교 때부터 프레젠테이션이나 프로젝트 수행과 관련된 커리큘럼(curriculum)들이 많다. 대학을 졸업할 때쯤이면 상당한 수준에 이른다. 그러는 사이 프로젝트를 통해서 일하는 방법을 알게 되고, 자신의 생각을 논리적으로 정리해서 상대방을 의도하는 대로 이끌 수 있는 역량을 갖추게 된다.

교수님들에게 자신의 역량을 이야기하고 수행하는 프로젝트가 있다면 참여시켜줄 것을 사전에 말씀드려놓거나, 주변에 프리랜서나 컨설팅 업무를 하는 분들이 있다면 적극적으로 자신을 알려둘 필요가 있다. 그냥 기다린다고 해서 만들어질 일이 아니므로 자신을 알리는 노력을 기울이기 바란다.

기업(Receiver)이 듣고자 하는 메시지

    결론부터 이야기하면 기업이 듣고자 하는 메시지는 매년 바뀐다.

    왜냐하면 기업 경영 환경이 순간순간 바뀌고 있기 때문이다. 기업은 매년 달라지는 환경에 대응하거나, 시장의 판세를 선점하기 위해서 경영 전략을 수립하고 실행한다. 새로 수립한 경영 전략을 실행하려면 적합한 인재들이 있어야 한다. 경영 전략을 성공적으로 수행하기 위해 필요한 인재를 찾는 것이 바로 채용 업무인 것이다.

같은 산업군이라도 듣고자 하는 메시지는 다르다

모 은행은 금년 경영 전략의 핵심 사안이 동남아권 지점망 확보이다. 과거 채용 사례로 본다면 기본 스펙 커트라인은 학점 3.7 이상, 토익 점수 870점 이상, 관련 자격증 소지였다. 금년에는 동남아권으로 사업 확장 계획에 따라서 기본 스펙의 커트라인이 변경되었다. 학점 3.4 이상, 토익 점수 800점 이상인 자로서 회화 실력이 현지 생활을 하는데 가능하고, 문서 작성 및 비즈니스 업무를 볼 수 있는 사람이다.

이 회사는 중장기적인 전략으로 지원자들의 폭을 넓히고 회화 실력이 우수한 인재를 널리 구하고 있다. 이런 경우 회화 실력과 비즈니스 문서 작성이 가능하다는 역량을 잘 표현해서 제출하면 성공률이 높다. 이 기업이 지원자에게 듣고자 하는 메시지는 '회화 실력과 비즈니스 문서 작성 능력'을 갖춘 인재이다.

같은 은행권이라도 시장의 돈이 부동산 쪽으로 유입되면서 은행 경영이 위기에 봉착했다고 가정해보자. 이런 은행에서 신입 사원을 채용할 때 듣고자 하는 메시지는 무엇이겠는가?

듣고자 하는 메시지는 시장의 돈을 은행으로 유입할 수 있는 '혁신적인 상품 개발'에 관한 이야기일 것이다. 요즘 은행권 상품은 큰 매력이 없다. 처음에는 예금하는 것이 고작이었다가 적금이란 상품이 나오고 장기간 자금을 유입하는 조건으로 보통 예금보다 좀 더 많은 이자를 지급했다. 그리고 그 다음 나온 것은 펀드 상품이다. 리스크도 있지만 반면에 수익도 높다. 시장 판세를 잘 읽고 있는 사람들은 펀드에 돈을 넣었고, 그런 상품을 만들어낸 회사들은 크게 성공했다. 자신에 대해서도 잘 알고 시장 판세도 잘 읽는 사람은 직접 투자를 하겠지만 위험도 크다. 자금을 예치하는 사람이 가장 중요하게 생각하는 것은 안전성이다. 이 경우는 리스크와 안전성을 고려한 상품을 개발하여 제안하는 사람의 메시지를 찾는다.

찾고 있는 메시지는 채용 공고에 나온다

채용 공고에 보면 '우대'한다는 표기가 있다. 채용을 의뢰하는 입장에서 필요한 인재의 스펙이나 역량을 우대한다고 표기함으로써 적합한 인재들이 많이 지원하기를 희망하고 있다. 채용을 의뢰하는 기업 입장에서는 해당 분야에 역량을 갖춘 인재를 찾는다는 암시를 보내는 것이다. 스펙이나 역량이 우대하는 분야에 해당한다면 지원할 경우 성공률이 높다.

기업의 인재상이 전체 직원에 적용되는 것은 아니다

많은 학생들이 자기소개서를 작성할 때 지원하는 회사의 인재상을 확인한다. 지원하는 회사의 인재상에 부합하고, 적합한 사람이라는 말을 하고 싶어서다. 그러나 채용을 의뢰한 입장에서 원하는 메시지는 다르다.

회사의 인재상이 모든 부서에 똑같이 적용되지는 않는다. 각 부서에서 듣고자 하는 메시지는 부서의 업무 특성을 고려해서 다르다는 사실을 알아두기 바란다.

영업부를 지원하는 사람은 회사의 전체 인재상 중에 특히 자신감과 도전정신이 탁월하게 높다는 메시지를 확인하고 싶어한다. 연구개발실은 전공의 깊이와 기초 지식을 갖춘 사람으로 창의적인 발상과 끈기가 남보다 높다는 메시지를 확인하고 싶어 한다. 해외 사업팀은 관련 언어에 대한 능숙한 실력과 관련 지역의 문화와 특성을 파악하고, 개척 정신과 글로벌 역량을 갖추고 있다는 메시지를 확인하고 싶어 한다.

지원하는 부서에 따라 업무의 특성을 고려한 인재상을 듣고자 하므로 기업의 인재상을 바탕으로 하여 지원 업무와 연관성이 있는 적합한 인재상을 보여줄 수 있도록 해야 한다.

메시지는 기업의 갈증 요인을 해결할 수 있는 '대안을 제시하는 적합한 인재' 이다

최종 기업이 진정 듣고자 하는 메시지는 기업의 갈증 요인을 해결할 수 있는 대범한 아이디어를 제공하는 것이다. 글로벌 경쟁 환경으로 바뀌면서 기업의 갈증 요인은 더 많아졌다. 성장해야 하고, 생존해야 하기 때문이다. 특별한 가치를 지닌 경영 전략과 마케팅 전략이 필요하기 때문이다. 기업이 듣고자 하는 메시지 사례는 '4장 기회선점 경쟁요소를 담아라' 에서 다양한 산업을 예로 들어 설명하기로 한다.

지원자(Sender)의
가치 전달

상품화된 가치를 전달하라

지원사의 갈증을 찾아내고 문제를 해결할 수 있는 차등화된 상품화 가치를 전달하라. 상품화란 지식을 지혜롭게 활용해서 돈이 되거나 기업 성과에 기여할 수 있는 가치 있는 생각을 말한다.

지식을 상품화하기 위해서는 많은 노력과 집중이 필요하다. 좋은 상품화 전략을 만들어 내기 위해서는 저학년 때부터 지원할 회사에 대해 목표가 명확할수록 가능성이 높아진다.

상품화 작업을 한 사람이라도 최소한의 스펙(기업이 정한 성적)은 있어야 한다. 삼성 같은 기업은 학점 3.0 이상이어야 하며, 토익은 상경 계열은 730점 이상, 이공계는 630점 이상이면 통과된다. 이러한 기본적인 스펙이 준비되지 않으면 멋지고 가치 있는 상품화 작업을 했더라도 소용이 없다.

신입사원들의 서류에서 상품화된 가치를 찾아내고자 하는 이유는 기업의 경쟁력이 날로 심화되기 때문이다. 우루과이라운드(UR)가 선포된 이후 "모든 나라가, 모든 제품에 대하여, 7%의 관세만 내고, 자유무역을 실시한다."는 조건으로 전 세계의 기업들이 자국에서 경쟁하던 환경에서 글로벌 기업들과 동시에 경쟁해야 하는 환경으로 변했고 더 강도 높은 경쟁력을 요구받고 있다.

상품화되지 못한 자기소개서 사례

지원 동기 및 입사 포부

아버지께서는 첫 사회생활을 포니와 함께 시작하셨습니다. 제 어린 시절 사진에는 차 옆에서 우쭐해하시는 아버지, 다정한 미소를 짓고 계신 어머니 그리고 장난스러운 표정을 하고 있는 언니와 제가 있습니다. 포니에서 에쿠스에 이르기까지 가족의 행복한 추억에는 언제나 현대자동차가 있었습니다.

현대차의 듬직함과 변치 않는 신념을 사랑하시는 아버지 - 아버지를 사랑하는 딸은 아버지의 에너지 원천을 지키고 싶었습니다. 그리고 세계로 도약하는 현대자동차 그룹에서 명차와 함께 빛나는 한국의 자랑스러운 모습을 보고 싶습니다.

　　세계 최고가 될 가능성을 품은 명실상부한 대한민국 최고의 기업에서 구성원의 한 사람으로서 열심히 일하면서, 여성의 부드러운 추진력과 세심하고 깔끔한 업무 처리 능력으로 회사 발전에 기여하고 싶었기에 지원하였습니다.

　　입사하게 된다면 업무의 기초부터 열심히 익히고 숙달하며 영어와 중국어 또한 지속적으로 배우면서, 제가 지원한 해외 영업 부분에서 인재가 될 수 있게끔 노력하여 일취월장하는 모습을 보여드리겠습니다.

　　소설 같은 자기소개서의 대표작이다. 인수합병(M&A)을 거쳐 세계 자동차 브랜드는 10개만이 생존하고 자동차 산업에 5개사만 남는 급박한 환경인데, 위와 같이 자기소개서를 작성한 사람을 당신 같으면 채용하겠는가?

　　다음에 나오는 사례는 같은 부분의 내용을 다른 사람이 작성한 글로 색다른 느낌을 받을 것이다. 만약 당신이 사람을 채용한다면 두 사람 중에 어떤 사람을 보고 싶어 하고 채용할 것인가?

상품화시킨 자기소개서 사례

"2015년 5개사로 압축된다는 자동차 산업의 지각 변동에 현대자동차는 생존해 있어야 한다."

1997년 UR이 선포되기 전에 한국에서는 6개의 자동차 브랜드가 있었습니다(현대, 기아, 쌍용, 대우, 삼성, 아세아). 그러나 현재는 한국에 유일하게 남아있는 자동차 회사는 현대자동차뿐입니다. 모두 매각되거나 인수합병되어 다른 나라 기업이 되어버렸습니다.

1. 해외 시장 판로 개척의 필연성

7%의 관세를 내고 자유무역이 실현된 이후에 경쟁력이 없는 기업들은 운명을 달리 했습니다. 2015년 현재 세계 10개의 자동차 브랜드가 5개로 압축될 것이란 이야기를 톰 피터슨(『미래를 경영하라』의 저자)이 예언하고 있습니다.

현대자동차는 자산 가치 세계 10위에 브랜드 인지도 8위 정도를 유지하고 있기에 모든 조직원들이 합심하여 기업의 경쟁력을 높이는 데 집중해야 하며, 도요타 자동차와 자동화 비교에서 59%밖에 되지 않는 현대자동차의 유일한 경쟁력은 해외 시장의 잠재 고객을 찾아 판로를 개척하고 자동화로 안정적인 생산과 가격 경쟁에 대비하여야 합니다.

2. 이란 시장과 남미 시장 개척

12억 인구를 보유한 인도의 잠재력은 무한합니다. 중국에 이어 이란의 급부상을 예측하면서 조기 이란 내 판매 지점 형성과 판매 전략 수립은 시장 포지션에 큰 영향을 미칠 것으로 사료됩니다. 또한 자원이 풍부한 남미 시장을 개척하는 것도 지금 해야 할 일이라 사료되며 현장 조사 및 판매 일선에서 시장의 판세와 고객 원츠를 파악하는 데 집중하겠습니다.

3. 글로벌 해외 사업팀 총괄 책임자

입사 후 3년 동안은 중국 내 판매 지원을 하여 현장에서 몸으로 달리며 해외 영업의 글로벌 비즈니스 기술을 익히겠습니다. 이후 3년은 인도의 시장 조사와 판매 전략 수립에 동참하여 새로운 시장을 개척하고, 인도에 현대의 뿌리를 내릴 수 있도록 솔선수범하는 후원자가 되겠습니다. 이후 4년은 남미 시장 개척에 선봉 혁신자가 되겠습니다. 중국과 이란에서 배우고 익힌 비즈니스 역량을 바탕으로 남미 시장을 여는 선봉장의 역할을 수행하고자 합니다. 이후 제 포부는 글로벌 해외 사업팀을 총괄 운영하는 책임자이길 원합니다.

가치 있는 생각과 상품화란 지원하고자 하는 기업의 현재 위치 정보를 파악하고, 그들의 산업을 분석한 다음 문제점을 찾고, 기발하고 담대한 아이디어를 제공하면서 문제를 해결할 수 있는 대안을 제시하는 것이다. 또한 서류에는 읽는 사람으로 하여금 관여도를 높일 수 있는 내용이 구체적으로 표현되어야 한다.

또 다른 사례를 하나 들어 보자.

제가 지원한 '가구 디자인' 분야는 기획된 신규 제품에 대한 디자인을 개발하고, 기존 제품들에 대해 디자인을 개선하는 일을 합니다.

기존 제품 디자인의 개선을 위한 'Newly Usefully' Mind

1. 새로운 용도로 사용

제 어머니의 고민은 부엌에 병을 넣어놓는 덩치 큰 선반이었습니다. 중간 크기의 병 외에는 다른 것을 넣기 어려운 구조라서 이 넓은 공간은 늘 남아돌았고 다른 수납 공간은 부족하곤 했습니다.

저는 이 공간을 식기 건조대로 바꾸도록 제안했습니다. 선반의 홈은 접시를 꽂기에 좋았고, 구멍이 있어서 물기도 금방 말랐습니다. 그릇이 모두 여기 들어가고 나니 다른 공간들도 넉넉해졌습니다. 저는 이렇게 용도를 바꾸고 물건을 쓸모 있게 사용하기 위해 자주 고민합니다. 덕분에 쓸모없다고 물건을 버리는 일도 적습니다.

2. Newly Usefully 운동

앞으로 제가 만들 가구도 이렇게 다양한 용도를 갖게 될 것입니다. 고객 개개인의 특성에 맞게 변할 수 있는 가구, 새롭게 쓸모 있게, 버리지 못할 가구를 만들기 위해 앞으로 저의 Newly Usefully 운동은 계속 될 것이며, 가구 디자인의 컨설턴트 마인드로 무장하는 혁신 인재가 되도록 노력하겠습니다.

● 본인이 지원한 업무에 대해서 명확하게 알고 있다.

● 가구를 만들기 보다는 고객의 원츠에 맞는 맞춤식 가구를 디자인하고, 컨설턴트 마인드로 무장하는 새로운 가구디자인의 콘셉트를 제시하고 있다.

이러한 서류가 시장의 판세를 담은 서류이다.

MP3 플레이어 산업에 새로운 경쟁자를 찾아서 경쟁 방식을 연구한 자기소개서이다. 글을 읽는 사람도 자사의 경쟁이 MP3 플레이어 회사가 아니라 모바일 통신이란 말에 깜짝 놀랐을 것이다. 또한 자신이 지금까지 경험하고 공부한 콘텐츠(contents) 개발에 대한 이야기는 학교의 수준이나 지역을 떠나서 채용해야 한다는 확신을 갖게 만든다.

여러분도 내가 공부를 잘 했고, 자격증 많고, 정말 열심히 학교생활을 했다는 이야기보다는 여러분의 가치를 전달할 수 있기를 바란다. 여러분이 지원하는 회사와 부서가 빨리 결정될수록 그 작업은 빨리 진행될 것이고, 최소한 이력서와 자기소개서를 쓸 때쯤에는 차등화된 가치 있는 상품화 전략을 제공할 수 있으리라 본다.

지원하는 부서의 업무 수행 능력을 명쾌하게 전달하라

자기소개서에서 가치를 확인하는 것 중에 또 하나는 업무 수행력이다. 지원 부서 업무 수행 역량에 대해서 기록하지 않으면 가치 없는 서류로 판명되기 쉽다. 아래는 지원하는 부서의 업무 수행 능력과 가치를 전달하는 내용이 담긴 자기소개서의 사례이다.

직무 경험

> "고객의 편리를 제공하는 시스템을
> 개선하는 서비스"

현대 사회의 서비스는 '스피드'다.

제가 경험한 편의점이나 대형 백화점에서 CS마인드 교육을 본사에서 주관하여 참여할 기회가 있었습니다. 그러나 교육 내용의 대부분은 허리를 숙여서 인사하는 자세와 표정에 포인트를 두고 있었으며, 서비스 업체들은 이것이 마치 고객을 위한 서비스의 모든 것으로 착각하고 있다는 생각을 했습니다.

제품과 서비스가 넘쳐나는 현대 사회는 고객의 불편함을 발견해서 즉시 해결해줌으로써 고객에게 편의를 제공하는 것이라 여기고 있습니다.

매장에서 물건을 구입하고 계산대에 도착했을 때 5~10여 명이 대기하고 있다면 고객은 짜증스럽다는 표정을 인지하게 됩니다. 이런 경우 아무리 좋은 물건과 직원들이 밝게 인사를 하더라도 서비스에 대한 평가는 좋지 않을 수 있다고 생각합니다.

제가 귀사의 서비스 교육팀에 입사하여 수행할 직무는 다음과 같습니다.

● 서비스 교육 팀원으로서의 사명은 '고객이 행복해 하는 편의성 제공' 입니다.

● 시설들을 살펴보고, 고객의 불편 사항을 기록해서 최적의 서비스 혁신을 제안하도록 하겠습니다.

● 직원 교육 프로그램 개발은 현장의 문제점을 발견하고 개선할 수 있는 실전 중심의 교육 프로그램을 설계할 것이며, 교육 강사도 현업을 충분히 이해하는 전문성과 컨설팅 개념의 지식을 무장한 사람으로 섭외하겠습니다.

● 프로그램 개발 및 교육 대상 선정은 교육생의 부족한 부분의 니즈를 파악하여 니즈별 맞춤식으로 프로그램을 개발하

위 내용은 기존의 CS마인드 교육의 문제점을 지적하고 본인이 생각하는 '고객의 편리를 제공하는 시스템을 개선하는 서비스'라는 선진 기업의 서비스 문화를 제시하고 있다.

선진국에서의 서비스 교육은 현재 우리나라에서 교육하고 있는 직원들의 인사 자세와 표정, 단정하고 깔끔한 용모와 복장을 다루기보다 고객의 편의를 제공하는 시스템을 개선하려 노력하는 서비스로 앞서나가고 있다.

직원들이 밝은 표정으로 인사하는 것은 당연한 서비스라 여기고, 그보다 한 차원 높은 서비스는 정체되거나 불편한 시설물들의 원인을 찾아서 그 원인을 제거해주는 것을 의미한다. 따라서 기업은 더 좋은 인상과 편의를 고객이 제공받음으로써 좋은 관계가 형성되고, 혁신 고객층으로 전환됨으로 널리 자사의 시설물과 서비스를 선전하는 효과를 동시에 만들어 내고자 노력하고 있다.

또한 위 글은 자신이 지원한 서비스 교육 팀원으로서 해야 할 일과 직무에 대해서도 구체적으로 기록하여 읽는 사람으로 하여금 즉시 일을 수행할 수 있겠다는 신뢰와 믿음을 주고 있다.

　정리해보자.

　취업에 성공하자면 자신을 자랑하는 것을 관두고, 여러분의 가치를 제공해야 한다. 가치는 첫째 기업의 갈증 요인을 해결할 수 있는 차등화된 상품화 전략을 제공하는 것이고, 둘째 지원한 부서의 직무를 수행할 수 있다는 여러분의 역량을 구체적으로 표현하는 것이다.

3

각자의 스펙에 맞춘
진로 카운슬링

이 책에는 중요한 것이 두 가지 있다. 하나는 각자의 스펙에 맞춰서 진로를 계획해야 성공할 수 있다는 것이고, 다른 하나는 차별화보다는 지원사의 갈증 요인을 해결할 수 있는 차등화 전략을 연구해서 대안을 제시하면 성공한다는 내용이다.

본 장에서는 여러분이 보유한 다양한 스펙과 역량을 분석해보고, 약점을 보완하면서 강점을 강화시켜서 취업을 성공시키는 케이스별 진로 카운슬링에 대해서 이야기하려고 한다.

제자들의 진로를 카운슬링하면서 알게 된 것은
많은 사람들이 뚜렷한 목표도 없이
막연하게 취업을 준비하고,
아무 회사나 서류를 제출하고 있다는 사실이다.
채용 회사 정보가 뜨면
전국에 유사한 스펙을 지닌 학생들은 한 곳으로 몰려다닌다.

시나리오별 진로 카운슬링의 필요성

시나리오란 말은 '여러분 각자가 보유한 스펙과 역량에 따라서' 란 의미다. 필자는 7년간 취업 관련 강의를 하면서 제자들의 취업 진로 지도와 상담을 해왔다. 상담을 하면서 확인한 것은 각자가 보유한 스펙이나 역량이 모두 다르다는 사실이다. 그러나 회사에 지원하는 것을 보면 자신의 스펙과 역량을 분석하지도 않고 마구잡이식으로 서류를 넣고 있다. 그래서 성공 확률이 낮은 것이다.

시나리오의 케이스

수많은 학생들의 취업 진로 지도를 하면서 대부분의 학생들이 다음의 케이스에 들어간다는 사실을 발견했다.

첫째, 기본 스펙만 가진 사람. 즉 학점과 토익 점수
가 높으나 기업이 원하는 역량을 갖추지 못한 사람

둘째, 기본 스펙은 낮으나 기업에서 업무를 수행하기 위해 필요한
역량을 많이 갖춘 사람

셋째, 학점은 낮으나 어학에 뛰어난 재능을 가진 사람

넷째, 어학 실력은 없으나 학점이 높은 사람

다섯째, 기업 공모전이나 챌린저(공모전)에 도전해서 수상한 경력
이 있는 사람

스펙과 역량은 모두가 다를 수 있다. 그러나 크게 보면 위 5가
지 유형에 본인이 해당되는 것이 있을 것이다. 기본 스펙과 역
량이 맞지 않는데도 많은 사람들이 같은 회사에 함께 지원하고
있다. 그래서 실패 확률이 높다.

케이스별로 성공률을 높이기 위해서는 강점과 약점을 발견하고 약
점을 보완하면서 강점을 더 강화하는 취업 전략을 연구해야 한다.

취업 상담 일지

성명		전공	전공 / 부전공	학년	
학점		토익 / 회화 능력	/	지원사 / 부서	/
지원 업무 수행 능력 (직무 역량)		• ○○○○ • ○○○○ • ○○○○ • ○○○○ • ○○○○			
멀티 역량		• 기획＆문서 작성 / 프레젠테이션 / PC 활용 능력 / 프로젝트			
일반 · 전문 자격증		• 유통관리사, ASP, CSP, 컴퓨터 관련, 기타 전공 자격증			
가산점 내용		• 봉사 활동( ), 챌린저( ), 인턴( ), 외( )			

카운슬링	지도 내용 정리	월 일
		월 일
		월 일

학점 3.2, 토익 점수 760점은
대기업을 지원하라

누가 봐도 높은 점수는 아니다. 이런 스펙을 지닌 학생들은 진로 결정이나 회사 선택에 우왕좌왕한다. 부족함을 느끼기 때문이다.

본인이 이런 스펙을 지닌 학생이라면, 대기업으로 지원해라. 대기업은 회사가 정한 커트라인만 넘으면 서류가 통과되기 때문이다. 서류가 통과되면 그 다음부터는 제로 베이스로 출발하기 때문에 기회를 잡을 수 있다.

흔히 학생들이 말하는 기업군은 대략 정해져 있다. 예를 든다면 대기업, 금융권, 중견기업, 중소기업, 벤처회사, 공사, 공무원 등으로 나눈다. 대기업보다도 요즘은 중견기업이나 중소기업에 높은 스펙을 가진 사람들이 몰린다. 일자리가 줄어들었기 때문이다. 금융권은 기본 스펙으로 학점은 3.7 이상을 요구하고, 토익은 870점 이상을 원한다. 중견기업도 지원자가 많다 보니 커트라인이 자연히 높아졌다.

기본 스펙이 3.5 이상 되고, 토익은 850점 이상 되는 사람들은 공사 시험에서부터 대기업에 이르기까지 눈에 띄는 대로 지원서를 보낸다. 서류가 통과하면 부랴부랴 면접 준비를 해서 혹시나 하는 마음으로 면접에 참여한다.

기본 스펙이 3.5 이하이고, 토익이 800점 이하인 사람들은 자신감을 잃어가고, 학교생활이 힘들어지고, 졸업을 연기하면서까지 부족한 부분을 채워보려고 노력한다. 졸업을 할 경우에는 대학생 신분이 아니기 때문에 취업하기가 더 어렵다고 생각하고, 학교에 적을 두고 더 남아 있기로 결정하는 사람들이 늘고 있는 것이 현실이다.

이런 사람들은 뭐가 부족하고, 어떤 것을 먼저 해야 하는지도 사실 모르는 경우가 많다. 다른 사람의 도움을 받아서라도 빠른 시간 내에 본인의 강점을 발견하고 스펙에 맞춰서 진로를 결정한 후에 중요하고 급한 문제부터 하나씩 해결하면서 전략적으로 취업 준비를 해가기를 권한다.

학점과 네임 밸류

지방대학 학생들은 더 심각한 스트레스를 받고 있다. 지방대학이라는 약한 네임 밸류(name value)가 가장 큰 걱정거리다. 지방대를 다니는 학생들은 이를 극복하기 위해서 학점도 높아야 하고, 토익 점수도 900점이 넘어야 하고, 자격증도 많이 취득해야만 한다고 생각하고 있다. 학교 네임 밸류가 본인에게 큰 피해가 되고 있다고 생각하기도 한다.

지방대학 출신 학생들이 서울로 편입하려고 하지만, 편입만으로 좋은 기회를 얻을 수 있다고 믿고 있으면 안 된다. 어느 학교를 졸업했느냐가 중요하지 않은 세상이 되었다. 지방대를 졸업하더라도 본인이 가치를 지니면 성공할 수 있다.

현재는 명문대학의 명성도 취업하는 데 큰 도움이 되지는 않는다. 왜냐하면 기업은 지원하는 업무에서 밥값 할 수 있는 사람인가를 확인하고 채용하기 때문이다.

여러분이 다니는 학교가 3류라고 생각하거나 지방대학이기 때문에 피해를 보고 있다고 생각하는 사람들은 생각을 바꾸기를 바란다. 진로에 관한 계획을 구체적으로 수립하고, 전략적으로 접근하면 대기업에도 입사할 수 있다.

대기업으로 지원하라

오히려 낮은 네임 밸류의 대학이나 지방대를 다니는 학생들은 대기업으로 지원하길 권한다. 다시 한 번 말하지만, 대기업은 회사가 정한 커트라인만 넘기면 서류가 통과되기 때문이다.

서류 통과 후에 대기업은 직무 역량을 확인한다. 대기업 S 그룹은 학점은 3.0 이상, 토익은 상경계 730점, 이공계 630점 이상이면 서류 통과가 가능하다. 그 다음 임원들이 직무 수행 능력을 서면으로 확인하고 면접 시에 직무 역량을 평가한다.

학점과 토익 점수가 기업이 요구하는 스펙이 되면 학점을 더 높이기 위해서 노력하거나 토익 점수를 더 높이기 위해서 시간을 투자할 필요가 없다. 이런 사람들은 직무 역량에 대해 공부할 수 있는 기회를 만드는 것이 중요하다.

인턴을 체험해야 한다 🪣

직무 역량을 갖추는 방법으로는 여러 채널이 있다. 특히 학교에서 알선하는 인턴사원으로 기업에 나가 근무하는 것은 회사라는 곳의 생리를 이해할 수 있는 좋은 기회와 경험이 될 것이다. 또한 프로젝트를 수행하기 위해 많은 사람들이 팀플레이를 하며 각자의 업무를 어떻게 하는지도 볼 수 있다. 회의나 비즈니스 파트너들과 거래를 성사하기 위해 노력하는 모습도 보게 될 것이다. 시장 조사도 해보고, 고객이 원하는 것이 무엇인지도 발견하게 될 것이다. 또는 경쟁사와 경쟁상품에 대해 조사하고, 여러분의 생각을 넣어서 대안을 제시하는 산출물도 만들 수 있을지도 모른다. 가끔은 퇴근 후 회식 자리에 참석해서 선배들의 성공담을 들을 수 있는 기회도 생길 수 있다. 인턴의 위치에서, 회사생활을 직접 체험할 수 있는 좋은 기회다. 희망하는 부서에서 인턴으로 근무하면 금상첨화이다. 인턴생활에서 체험한 직무를 이력서와 자기소개서에 써서, 가치를 높일 수 있기 때문이다. 인턴사원이란 일하다가 언제라도 제자리로 돌아갈 수 있는 사람들이라고 한다. 그러나 야심찬 목표와 전략적인 계획이 있다면 그 자리에 계속 근무할 수도 있다. 최선을 다해 인턴사원이 될 기회를 만들기 바란다.

학교에서 인턴의 기회를 만들지 못했다면 아점프를 찾아라. 아점프 안에는 현업에 근무하고 있는 선배들이 다양한 직무를 소개하고 있다. 여러분이 지원하고 싶은 분야가 있다면 클릭해서 동영상을 보면 된다. 동영상을 통해서라도 지원하는 부서가 무슨 일을 하고, 업무 프로세스가 어떻게 진행되고, 무엇이 중요한지에 대해서 알 수 있을 것이다. 아점프에서는 직무에 관해서 오프라인 강의도 하고, 현업에 근무하는 선배들과 1:1 면담도 할 수 있는 기회를 제공한다. 이런 사이트를 잘 활용해도 직무 역량을 갖추고 이력서와 자기소개서에 가치를 표현하기에 부족함이 없을 것이다.

직무에 대한 역량이 평가된 사람은 3차 면접에 초대받는다. 3차 면접은 토론 면접과 프레젠테이션 스킬이다.

토론과 프레젠테이션

S 그룹에 가려면 토론 면접에 대해서 사전에 연구하고 준비해야 한다. 그럼 토론 면접은 어떻게 하는 것일까? 이를 대비하기 위해서는 토론이란 무엇인지, 토론을 해본 경험이 있는지, 그냥 서로 의견을 주고받는 것이 토론인지를 알아야 한다. 제대로 된 토론을 해본 사람은 극히 드물다.

토론 면접에서는 회사에서 정한 주제를 팀에게 준다. 팀원은 주제를 받아서 서로 생각을 정리해 나간다. 주제는 긍정적인 부분이 있는가 하면, 부정적인 부분도 있다. 강점이 있는가 하면, 약점도 있을 수 있다. 찬성하는 사람이 있는가 하면, 반대하는 사람도 있다.

대부분 참가자가 찬성하더라도 반대하는 한 사람이 있다면 그의 의견은 어떻게 수용할 것인가? 무시할 것인가, 수용하고 반영할 것인가? 당연히 수용하고 반영해야 한다.

그런데 그렇게 하려면 어떻게 토론을 이끌어야 하고, 내용을 정리해서 파워포인트로 옮겨 놓아야 하는가? 그리고 누가 발표할 것인가?

토론을 위해서는 이러한 모든 것을 생각해야 한다.

대부분 대기업에서 하는 마지막 면접이 토론이다. 대기업은 토론 면접을 발전 가능성을 지닌 사람이나 기업 문화에 적합한 인재를 식별하는 데 많이 활용한다. 그러므로 교수님이나 주변 전문가를 찾아가서 토론 면접에 대해서 구체적으로 학습할 필요가 있다. 팀을 만들어서 주제를 놓고 직접 토론해보고 문서화하여 직접 발표하는 것까지 연습해보기를 권한다.

정리해보면 다음과 같다.

S 그룹 채용 프로세스

1차 : 서류 전형	2차 : 직무 확인	3차 : 토론 면접
• 학점 : 3.0 • 토익 : 730 이상인 자 • 특기 사항 : 매년 환경에 따라서 달라질 수 있음	• 임원 직무 확인 • 직무 평가 상, 중, 하 문항 선정, 40분 작성, 20분 발표	• 주제 부여 • 팀 토의 • PPT 작성 • 발표(프레젠테이션)

● 학점 3.0, 토익 730점 이상이면 대기업으로 지원하라.

● 대기업은 정해진 커트라인이 넘으면 서류를 통과시킨다.

● 서류 통과 후에는 지원한 부서의 직무 수행 능력을 확인하고 평가한다.

● 학교에서 지원하는 인턴사원과 사외 교육기관 또는 아점프 동영상을 통해서라도 직무에 대해 알고 있어야 하고, 알게 된 직무 역량을 이력서와 자기소개서에 구체적으로 기술해야 한다.

● 지원한 부서의 직무 수행 능력이 확인된 사람은 3차 토론 면접으로 간다. 팀 구성은 홀수로 하고, 주제가 주어진다. 토론을 통해서 얻은 결과는 파워포인트로 문서를 작성해서 발표한다.

지방대학에서 공부하거나 3류 대학을 나왔다고 좌절할 필요는 없다. 혼자서 고민하지 말고, 전문가나 취업에 성공한 선배들의 도움을 받아서 진로에 대해 명쾌한 계획을 수립하면 취업에 성공할 수 있다.

시나리오 모델과 구성 요소

이 책에는 중요한 것이 두 가지 있다. 하나는 각자의 스펙 (specification)에 맞춰서 진로를 계획해야 성공할 수 있다는 것이고, 다른 하나는 차별화보다는 지원사의 갈증 요인을 해결할 수 있는 차등화 전략을 연구해서 대안을 제시하면 성공한다는 내용이다.

본 장에서는 여러분이 보유한 다양한 스펙과 역량을 분석해보고, 약점을 보완하면서 강점을 강화시켜서 취업을 성공시키는 케이스별 진로 카운슬링에 대해서 이야기하려고 한다.

기업도 환경 변화의 심각성에 따라서 경영에 차질이 빚어진다. 따라서 다양한 변수에 맞춰서 케이스별 경영 전략을 도입하고 활용한다.

필자는 기업에서 경영 전략을 강의할 때 케이스별로 적용한 전략을 만든 것에 착안하여 학생들도 기업의 환경 변화와 각자의 스펙에 맞춰 취업 전략을 준비하는 것이 효율적이라 판단했다. 7년간 대학교에서 취업 관련 강의를 하면서 학생들과 상담했던 자료를 바탕으로 다양한 케이스를 분류하고, 성공한 제자들의 스펙을 점검해보고 약점과 강점을 찾아서 맞춤식으로 코칭했던 사례들을 모아서 진로 카운슬링의 대안들을 연구했다.

성공 사례를 바탕으로 본인의 스펙과 역량을 냉정하게 분석하고 나와 유사한 케이스를 모델로 삼아서 전략을 수립하기 바란다. 혼자 계획을 수립하기 힘들다면 아점프 사이트를 방문하는 것도 좋다. 필자가 직접 도움을 줄 수 있을 것이다.

시나리오별 모델

시나리오별 전략의 바탕이 되는 역량이다. 서울, 경기도에 위치한 대기업, 중견기업의 인사 팀장들의 의견을 듣고 연구한 것으로 이해하기 편하게 만들었다. 대부분 기업이 평가하는 항목들이다.

역량은 기업의 경영 전략에 따라서 다소 달라진다. 표에서는 경영 전략의 변화를 '환경'으로 표현했다. 예를 든다면, 회사가 해외로 진출하면서 해외 사업부의 인재를 찾는다면 회화 능력이나 제2외국어 실력이 채용의 핵심 포인트가 될 것이다. 다른 가산점보다도 회화 실력에 많은 점수를 배당한다는 말이다. 또는 회사가 웹 사이트를 관리하는 전문 인력을 채용하고 싶어 한

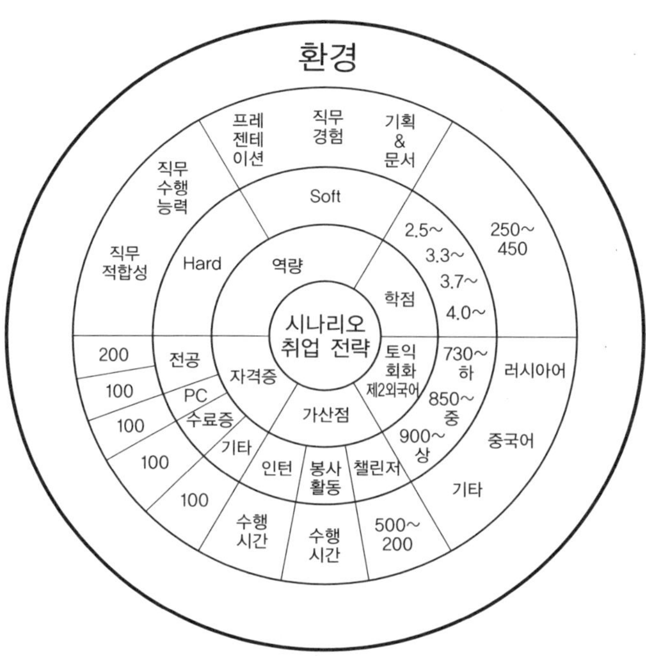

다면 컴퓨터 관련 자격증이나 웹 사이트 관리 경험이 채용의 핵심 포인트가 될 수 있다.

위의 표를 통해 기본 스펙인 학점과 토익 점수 외에도 기업은 채용을 위해 다양한 역량들을 평가하고 있다. 그러나 대부분의 학생들은 높은 학점과 토익 점수만 받으면 취업할 수 있다고 믿고 있다. 그래서 그런 역량만 준비한 많은 학생들이 취업에 실패하고, 본인이 생각하지도 못한 작은 회사나 적성에도 맞지 않은 부서에서 어쩔 수 없이 일하고 있는 경우도 있었다. 기본 스펙인 학점과 토익 점수 이외에도 다양한 것들이 채용 시 가산점을 받는 요소로 작용하고 있다는 사실을 깨닫고, 여러분의 스펙과 역량을 분석해서 부족한 것들은 하나씩 채워나가야 한다. 이 글을 읽으면서도 학점과 토익 점수를 높이기 위해서 모든 시간을 몽땅 투자하는 어리석음을 범하는 사람이 없기를 바란다. 기업은 학점이나 토익 점수에 큰 관심을 두지 않는다.

단, 학점과 토익 점수는 여러분이 회사를 지원하는 방향을 제시하는 역할을 한다. 학점과 토익 점수는 표와 같이 6가지 다른 방향으로 향하고 있다.

6개 타입과 자기 분석

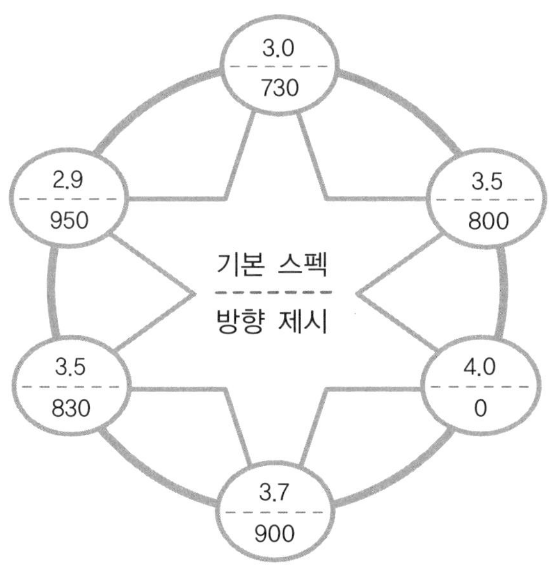

첫째는 학점은 3.0~3.4, 토익은 730~800점 이하의 사람이다. 이런 스펙을 지닌 사람은 대기업에 지원해야 한다.

둘째는 학점은 3.5 이상, 토익은 800~850점인 사람이다. 전국적으로 40% 정도가 해당된다. 가장 많은 사람들이 존재하는 그룹이기 때문에 위험도도 그만큼 높다.

셋째는 학점은 상당히 높은데 토익 점수가 없는 사람이다. 이 그룹도 30% 정도에 해당한다.

넷째는 학점은 3.7 이상에 토익은 900점 이상인 사람들로 전체 5% 정도에 해당하지만 취업하기에 가장 심각한 그룹이기도 하다.

다섯째는 학점은 3.5 이상, 토익은 800점이 넘고, 챌린저나 공모전에 입상한 경력을 가지고 있는 그룹이며, 전체 1%도 되지 않는다.

여섯째는 학점은 3.0에 미치지 못하지만 토익이 900점 이상인 사람들로 외국에서 공부하고 왔거나, 외국어에만 관심이 많은 그룹이다.

여러분은 어느 유형에 해당하는가? 학점과 토익 점수는 진로의 방향과 회사 선택의 기준을 제시한다. 유형별로 회사나 진로 방향이 달라야 취업 성공률을 높일 수 있다. 방향이 설정된 다음에는 각자 보유한 역량을 분석하고 목표를 세워야 한다.

예를 들어, 역량 분석 후에 E 그룹 유통 회사에 지원하기로 결정했다고 하자. E 그룹 유통 회사에 입사하려면 유통관리사 2급 합격증이 있어야 한다. 만약 유통관리사 2급을 취득하지 못했다면 가장 중요하고 급한 일이 유통관리사 2급 자격을 취득하는 것이다.

목표 분석과 지원사 정보 수집

목표를 세운 다음에 할 일은 지원사의 정보를 수집하고 분석하는 것이다. 정보는 성공과 실패의 판도를 바꾸기도 한다. 예를 들어, K 은행은 유럽 쪽으로 지점망을 넓히는 계획을 세워서 추진 중에 있다고 가정하자. 이것은 결정적인 정보이다. 유럽 쪽으로 지점망을 넓힐 때 필요한 인재는 회화 능력이 우수하고, 현지에서 비즈니스를 할 수 있으며, 문서 작업이 가능한 사람일 것이다. 그런 쪽으로 탁월한 역량을 지닌 인재는 다른 곳보다도 K 은행으로 지원하면 성공 확률이 높다.

지원사의 정보를 수집하는 방법은 여러 가지가 있다. 인터넷을 통해서도 가능하고, 신문 기사를 스크랩하는 것도 좋다. 필자가 가장 가치 있다고 생각하고 권하고 싶은 방법은 직접 회사를 방문해서 정보를 얻는 것인데 쉽지는 않다. 그러나 방법을 연구하면 가능하다.

필자는 목표가 결정된 제자들에게 지원사에 가서 놀고, 밥 먹고, 시간을 보내라고 권한다. 지원사 근처에서 식사하면 좋다. 지원사 직원들이 식사하는 옆자리는 로열석이 된다. 그들은 대체로 식사를 하면서 회사의 최신 정보와 관심사에 대해서 이야기하기 때문이다. 그런 정보는 취업 성공에 결정적인 영향을 미칠 것으로 확신한다. 발품을 팔면 그만큼 가치 있는 정보를 구할 수 있고, 그 정보는 여러분의 인생을 풍요롭게 만들어줄 수도 있다.

평가 항목과 점수 배당

평가 항목과 점수 배당

평가 항목	점수	본인 점수 기재
학점	450	
토익	990	
회화 능력	300	
제2외국어	300	
인턴	240	
봉사 활동	200	
챌린저	500	
전공 자격증	200	
PC	100	
기타 자격증	50	
직무 수행	A-300	
적합성	A-100	
프레젠테이션	A-100	
직무 경험(기업 체험)	A-200	
기획 & 문서 작성	A-300	
평점	4,430	

평가 항목과 점수 배당에 대해서 하나씩 설명해보자.

| 학점 | 4.5 만점에 450점을 배당한다. 여러분의 학점이 3.5 라면 350점을 본인 점수 기재란에 적어 넣어라.

| 토익 | 990점 만점에 여러분의 점수를 적으면 된다.

| 회화 능력 | 상급인 경우에 300점을 배당한다. 중급일 경우는 200점이다.

| 제2외국어 | 상급일 경우에는 300점, 중급인 경우에는 200점이다.

| 인턴 | 2년까지 인정한다. 2년은 24개월이어서 240점을 배당한다. 여러분이 인턴생활한 것을 확인시킬 수 있다면 인턴 생활 기간을 1개월에 10점씩 환산해서 기록한다.

| 봉사 활동 | 봉사 활동을 60시간 했다면 60점으로 기록하면 된다. 최고 200점까지 배당하지만 상당히 중요한 항목이다. 사람의 인성을 대신하는 항목으로 보기도 한다. 기업에서 적합한 인재를 보는 요소는 많으나 그중에서 가장 중요하게 여기는 것이 '인성'이라는 사실을 CEO 인터뷰를 통해 알게 되었다. 봉사 활동은 하루아침에 할 수 있는 일이 아니다. 저학년 때 가능한 한 봉사 활동을 많이 해두는 것이 좋다. 기본 스펙은 커트라인을 넘게 준비해야 하지만 토익을 50점 올리는 것이나 봉사 활동을 50시간 하는 것은 같은 점수로 평가받는다는 사실을 알아야 한다.

| 챌린저(공모전) | 기업이 학생들의 신선한 아이디어를 공모하고자 매년 실시하는 이벤트다. 비슷한 개념인데 챌린저는 대기업에서 주로 하고, 공모전은 중견기업들이 주관한다. 챌린저나 공모전에 입상한 경험이 있으면 높은 가산점을 받으며, 관련 회사에는 취업이 유력하다. 대상을 받은 경우 500점, 최우수상 400점, 우수상 300점을 받을 수 있다. 가산점을 받는 만큼 토익 500점을 받은 것과 같은 효력이 있지만, 프로젝트를 수행한 경험을 높이 평가하는 관계로 더 높은 가치를 지닌다. 아이디어가 있다면 팀을 만들어서 챌린저나 공모전에 적극 도전하기를 권한다.

| 전공 자격증 | 전공 관련 자격증은 자신의 전문성을 심도 있게 보일 수 있는 항목이다. 토목과 전공자가 토목기사 자격증을 취득했다면 200점 가산점을 받는다.

| PC 자격증 | 컴퓨터 자격증은 100점까지 배당하는데 한 과목당 50점씩 가산점을 받는다. 그러나 컴퓨터 활용 능력이 우수한 사람들은 취업 성공률이 높다.

아점프에서 취업한 선배들의 성공 스토리를 인터뷰하는 과정에서 알게 된, 기업이 가장 많이 사용하는 프로그램은 한글, 엑셀, 그 다음이 파워포인트이다. 웹관리 등 전문직으로 갈수록 사용하는 프로그램이 더 다양하다. 관련 업무를 수행할 수 있는 프로그램을 활용할 수 있다는 것은 채용 결정에 상당한 영향을 미친다.

| 직무 수행 | 지원 부서의 직무를 수행할 수 있다는 사실은 채용 결정에 직접 영향을 미친다. 인턴이나 기업 체험을 통해서 알게 된 직무 역량을 이력서와 자기소개서에 명쾌하게 표현하면 여러분의 가치를 잘 전달할 수 있다. 직무 수행 능력이 탁월하다고 판단될 경우에는 300점의 가산점을 배당받는다. 중견기업이나 중소기업은 직무 수행 역량을 더 높게 평가하기도 한다.

| 적합성 | 지원한 부서와 직무 적성이 잘 맞는 사람은 100점의 가산점을 받는다. 앞에서 소개한 바 있지만 영업부가 요구하는 자질, 재무팀에서 요구하는 자질, 기획팀에서 요구하는 자질의 특성들이 각각 다르다. 적합성은 자기소개서에서 장·단점을 묻는 항목으로 평가하거나, 면접을 통해서 확인하기도 한다.

| 프레젠테이션 스킬 | 가산점은 100점이지만 회사생활에 많이 활용하는 중요한 스킬이다. 학교생활을 하면서 프레젠테이션 경진대회에 참여해서 수상한 경력은 상당히 좋은 가치를 지닌다. 외부 교육기관을 통해서 프레젠테이션 과정을 수료한 흔적은 가산점을 추가하고, 채용에 영향을 미친다.

| 기업 체험 | 인턴 이외에 기업 체험은 비정규직으로 회사생활을 했거나, 프로젝트에 참여해서 일해 본 경험을 말한다. 학생 신분으로 현대자동차 에쿠스 신차 개발에 참여한 사람도 있다. 이런 경우 입사도 용이하고, 가산점도 얻는다. 프로젝트에 참여할 수 있는 기회를 만들고, 돈보다도 일을 배

우고 팀플레이를 통해서 산출물을 만들어내는 과정을 경험할 수 있기를 권한다.

| 기획과 문서 작성 | 기업에서 원하는 가장 중요한 역량이다. 프레젠테이션보다 3배나 배당 점수가 높다. 회사에 출근하면 매일 문서를 만들고 회의를 한다. 문서는 창조물이고 새로운 가치를 지닌다. 문서를 통해서 커뮤니케이션하고, 문서를 통해서 의사결정을 한다. 기회가 된다면 반드시 획득해 놓아야 할 역량이다. 여러분의 생각을 명쾌하게 문서에 옮겨서, 상대방을 설득할 수 있겠는가? 이력서나 자기소개서도 같은 개념이다. 여러분의 생각을 하얀 종이 위에 적어 기업에 보내면 읽는 사람은 그 글을 통해서 여러분을 식별한다. 텍스트 형식의 자기소개서보다는 맥킨지식 자기소개서 작성법이 여러분의 가치를 표현하고 전달하고자 하는 의도를 명쾌하게 전할 것으로 본다. 맥킨지식 기획과 문서 작성법을 수료하기를 권한다.

시나리오 취업 전략의 6가지 사례

케이스별 시나리오

	Case 1	Case 2	Case 3	Case 4	Case 5	Case 6
학점	450	300	350	400	370	350	290
토익	990	730	800	600	900	830	950
회화 능력	300	100	200	–	300	200	300
제2외국어	300	–	100	–	200	–	200
인턴	240	60	100	120	120	60	–
봉사 활동	200	–	60	200	100	60	50
챌린저	500	–	–	–	–	500	–
전공 자격증	200	–	100	–	200	–	–
PC	200	50	100	100	200	100	–
기타 자격증	50	–	–	50	–	–	–
직무 수행	A-300	–	200	–	300	300	–
적합성	A-100	–	50	–	100	100	100
프레젠테이션	A-100	50		–	100	100	–
직무 경험(기업 체험)	A-200	–	50	–	50	100	–
기획 & 문서 작성	A-300	–	100	–	300	300	–
평점	4,430	1,190	2,110	1,470	3,240	3,000	1,690

시나리오 6가지의 케이스를 분석하고 필자가 연구한 취업 진로 카운슬링을 설명하고자 한다.

첫 번째 케이스

학점은 3.0~3.4 정도이고, 토익은 730~800점 정도인 그룹이다. 케이스 1은 특별한 역량도 갖추지 못한 상태에서 4학년이 된 학생의 사례다. 앞서 설명했지만 좀 더 구체적인 내용을 추가해서 설명하려고 한다.

상황 분석

- 40%에 해당되는 사람
- 학습 의욕이 미진한 사람
- 전공에 관심 없는 사람
- 목표 의식이 없었던 사람
- 막연하게 대학생활을 한 사람

이들은 취업과 진로에 대해서 걱정만 많이 했지 특별하게 준비한 것이 없는 사람이다. 이 케이스는 혼자서 취업 준비하기가 어렵다. 기업이 원하는 역량을 전혀 갖추지 못했기 때문이다.

선배나 전문가의 도움을 받으면서 역량을 키워나가야 한다. 지금이라도 성공할 수 있다는 희망을 가지고 도전하기 바란다.

필자의 연구결과 이런 사람은 대기업으로 지원해야 한다. 규모가 좀 작은 회사로 가면 되겠지라고 생각하면 큰 오산이다. 중견기업이나 중소기업들이 경쟁력이 더 치열하고 스펙과 역량이 더 높다. 커트라인에서 걸릴 뿐더러 면접장까지 가지도 못한다. 서류가 통과되어야 면접장에서 실력 발휘를 해보겠는데, 사실 그런 기회가 오기에는 불가능한 스펙이다. 수도권이 아닌 대학이나, 인지도가 낮은 대학에 다니는 친구들은 더 심각하다는 생각이 들겠지만, '지방, 3류'라는 단어로 자신을 평가하는 것에서 벗어나라. 기업이 원하는 새로운 역량들을 익혀서, 약점을 보완하고 강점을 만들어가야 한다.

전략 제언

- 기업 체험과 인턴 강화 – 현장 실무 경험과 자신감 회복
- 지원 직무에 대한 사전 경험, 학습 – 성적 저조를 현장 경험으로 역량 이동
- 기획&문서 작성, 프레젠테이션 스킬 배양
- 직무 중심 자기소개서 작성, 차등화된 전략 연구
- 대기업으로 지원

현재는 강점이 없다. 그러나 강점을 만들 방법은 있다. 직무에 대해 우선 알아야 한다. 직무를 알면 행여 대기업에서 낙방하더라도 다른 기업을 지원할 때도 활용할 수 있기 때문이다.

기업 체험, 인턴, 최종적으로 사외 교육기관을 통해서라도 직무를 익혀야 한다

4학년인데 이런 스펙이라면 학점과 토익 점수를 높이려고 4학년의 남은 시간을 허비하는 것은 어리석은 결정이다. 학점도 만회할 수 없고, 단시간에 고득점자들처럼 점수를 높일 수는 없다. 시간이 역부족이다. 최소한 대기업에 서류를 지원할 수 있는 것만으로도 다행이라 생각한다.

그보다 급한 것은 강점을 만들어 약점을 보완하는 것이다. 강점이 나의 가치가 되고 나를 대변하는 기회가 되어야 한다.

강점 중에 가장 우선으로 강화해야 할 것이 직무 수행 능력이다. 직무 수행 능력은 약점으로 작용하는 낮은 학점의 대체품이 된다. 케이스 1의 경우라면 직무 수행 능력을 갖추어야 성공할 수 있음을 명심하기 바란다.

기획과 문서 작성, 프레젠테이션 스킬을 공부하라

전국경제인연합회(전경련)에서 발표한 자료에 의하면 기업이 가장 선호하는 역량은 '기획과 문서 작성'이다. 회사는 비즈니스를 하기 위해 매일 문서를 작성하고 진행되는 상황을 상호 공유하기 위해 프레젠테이션을 한다. 그런데 대학을 졸업한 신입사원을 채용해서 일을 시켜보면 문서를 제대로 만들지 못하는 경우가 많다. 그래서 문서 작성에도 익숙하고, 경험과 배경지식이 있어 원활히 업무를 진행할 수 있는 경력사원을 선호한다.

여러분이 만약 맥킨지식 기획과 문서 작성 과정을 이수했다면 취업에 큰 자산이 되고, 가산점도 얻을 수 있다. 이를 통해 생각을 명쾌하게 정리할 수 있고, 문서를 통해서 상대를 설득하기에 가장 용이하기 때문이다. 이런 역량은 여러분의 가치를 높이는 데 크게 기여할 것이다.

자기소개서 지원 동기에는 직무에 대해 구체적으로 기술해야 한다 🍺

S 그룹의 경우 서류가 통과된 후 2차 심사로 직무 수행 능력에 대한 임원 평가가 있다. 중견기업도 직무 수행 능력을 확인하는 것은 당연한 일이다. 직무를 모르는 사람은 채용할 가치가 없기 때문이다.

여러분의 가치 중에 가장 강한 것이 직무 수행 능력이다. 따라서 약한 학점과 토익 점수를 보완하고 강점을 더 강화하기 위해서는 직무 수행 능력에 대해 자기소개서에 보다 구체적으로 기술해야 한다.

기업은 직무 수행이 가능한지를 확인하기 위해 여러분을 불러서 직무 평가를 한다. 그리고 직무 평가를 통과한 사람에 한해서 면접장에 부를 사람을 결정한다.

대기업일 경우에는 그룹 및 토론 면접을 준비한다

토론 면접에 대해서는 앞에서 설명한 바 있다. 면접까지는 며칠 간의 시간적 여유가 있다. 그 시간에 토론 면접에 대해서 공부를 많이 해두는 것이 좋다. 평소에 토론다운 토론을 해보지 않았기 때문이다. 토론 면접이 통과되면 채용 절차가 모두 종료된다.

케이스 1의 사례로 삼성전자에 입사한 강윤성 씨를 소개하고자 한다.

강윤성 씨는 학점 3.2에 토익 760점이었지만 삼성전자에 입사했다. 직원이 몇 명 되지 않는 작은 회사에서 출발해 네 군데의 회사를 거친 후, 자신의 경력을 포기하고 삼성전자에 신입으로 지원해 입사에 성공한 케이스다.

현재 그는 삼성 직원 평가에서 가장 높은 평점을 받아서 카이스트 대학원에서 공부하고 있다. 급여는 물론이고 수업료 일체를 회사에서 지원해준다고 한다. 강윤성 씨의 성공 인터뷰는 아점프 '취업 성공 선배 스토리'에서 동영상으로 볼 수 있다.

성적이 낮다고 미리 포기하지 마라. 일하는 방식을 깨우치면 사회에서도 얼마든지 성공할 수 있다. 케이스 1과 유사한 스펙을 지닌 사람들도 자신감을 가지고 도전하기 바란다.

두 번째 케이스

학점은 3.5~3.7, 토익은 800~850점 정도를 보유한 케이스다.

상위 30% 정도에 해당하는 그룹으로 학교생활을 성실하게 한 사람으로 인정받는다. 대기업이나 중견기업, 공사 등에 가장 많이 지원하는 그룹이기도 하다. 그러나 상위 5%에 해당하는 사람들에게 밀려서 실패할 확률이 높다. 나름대로 계획을 세워서 열심히 했는데도 낙방하는 기회가 많다보니 좌절할 수도 있다.

상황 분석

- 중 · 상위 30%에 해당되는 사람
- 성실하게 대학생활을 한 사람
- 다양한 경험과 역량을 쌓으려고 계획을 세워서 준비한 사람
- 대기업, 중견기업, 공사에 가장 많이 지원하는 스펙

이미 좋은 스펙과 역량을 갖추고 있는 그룹이어서 전략적으로 접근해야 성공할 수 있다. 핵심 역량만 보완하면 멋진 결과를 얻을 것이다.

토익 점수를 870점대 이상으로 올려라

토익 점수 850점과 870점은 상당한 차이가 있다. 토익을 870점대로 올릴 경우, 선택의 폭이 상당히 넓어진다. 이 그룹에 가장 급한 일이라 판단된다.

회화 실력을 향상시켜라

토익과 회화 공부를 같이 해 두는 것이 좋다. 이 정도의 스펙을 지닌 사람들은 규모가 있는 회사를 지원하는데, 그런 회사들 대부분이 해외에 지점이나 사업장을 두고 있는 경우가 많다.

중급 정도의 회화 실력으로는 입사가 곤란할 지도 모른다. 최소한 현장 비즈니스를 할 수 있는 실력이어야 하며, 영문 문서 작성이 가능하면 채용의 가능성이 넓어진다.

이런 스펙을 가진 4학년이라면 가장 중요하고 급한 것은 회화 실력과 토익 점수를 높이는 일이다. 하루 일정 중에 반 정도의 시간으로, 앞으로 평생 원하는 직장에서 행복하게 일할 수 있다면 투자할 가치가 있지 않겠는가? 주저하지 말고 선택하기 바란다.

- 토익 점수 870대 이상 취득 – 선택의 폭이 상당히 넓어짐
- 회화 실력 향상 – 해외 근무 발령 대비 / 면접 대비
- 직무, 프레젠테이션 스킬 사전 학습 – 대기업 면접 대비 사전 준비
- 지원사 결정 후 맞춤형 취업 준비 요망

프레젠테이션 스킬을 익혀라

프레젠테이션은 회사 업무를 보는데 반드시 필요하다. 선진국은 물론 중국만 해도 중·고등학교 때부터 프레젠테이션을 공부하고 발표하는 것이 생활화 되어 있다. 또한 미리 공부해두면 면접 때도 유용하게 활용할 수 있다.

학교에서 공부할 수 있는 기회가 있으면 꼭 수강하길 바라고, 그렇지 못하면 책을 구입해서 혼자서라도 파워포인트 작성법과 발표하는 스킬을 익혀가야 한다. 발표 스킬은 미디어 매체를 통해서 프로그램을 선정해서 벤치마킹(benchmarking)하는 방법도 있다. 요즘은 수요가 늘어서 프레젠테이션만 강의하는 교육기관들도 많이 늘어나고 있다. 인터넷을 통하면 좋은 기관을 선정할 수 있을 것으로 본다.

지원사를 결정하고 맞춤형으로 취업 준비를 하는 것이 성공률을 높인다 🍺

이들이 지원할 회사를 정하지 못하고 채용 공고가 뜨는 회사마다 지원을 할 경우에는 실패할 확률이 높다. 보다 더 높은 스펙과 역량을 갖춘 5% 그룹에 밀리기 때문이다.

케이스 2에 해당하는 그룹은 지원할 회사와 부서를 정해서 맞춤식으로 준비해야 한다. 금융권이나 은행으로 지원할 것 같으면 회사를 정해서 준비하는 것이 좋다. 예를 들어, ○○은행으로 가겠다면 그에 관한 핵심 정보에 집중하면 되기 때문이다. ○○은행의 신규 사업 전략이나 상품력에 대해서 조사하고, 고객이 느끼고 있는 관여도에도 집중해서 전략을 짠다면 금융권과 은행을 두루 조사한 사람과는 수준이 다를 것이다.

예를 들어, ○○은행이 신규 사업 전략으로 동남아 시장에 지점을 확대할 계획을 가지고 있다고 하자. 여러분이 가진 스펙 중에 회화 능력과 문서 작성에 관한 실력을 입증하고, 현지의 미래 비전에 대해 조사한 것들을 자기소개서에 명쾌하게 기술하면 성공할 수 있다. 이런 정보는 맞춤식으로 집중해서 조사했기 때문에 찾을 수 있는 정보들이다. 채용 핵심을 사전에 알고 준비한 사람은 ○○은행이 듣고자 하는 '메시지'를 전달할 수 있기 때문에 성공할 수 있다.

케이스 2에 해당하는 사람들은 지원할 회사와 부서를 명확하게 결정해야 한다. 그런 다음 정보를 수집하는데 집중하기 바란다. 정보는 판세를 바꿀 수 있기 때문이다.

세 번째 케이스

학점만 있고, 토익 점수가 없는 사람이 해당된다.

학점이 높다는 것은 최소한 착실하게 학교생활을 했다는 의미다. 진로 상담을 하면서 의외로 많은 학생들이 학점은 높은데, 토익 점수가 없는 경우가 있다. 하지만 이런 스펙을 보유한 사람이 현재 4학년이라면 좀 곤란하다.

상황 분석

- 30%에 해당되는 사람
- 학점만 높은 사람
- 다른 역량에는 인정받지 못함
- 취업하기 가장 어려운 케이스
- 좋은 인상을 지닌 사람으로 평가는 됨
- 전략 수립이 요구됨

나름대로는 시장에서 명성을 얻고 있는 기업을 선호하고 있으나, 토익 점수가 없다 보니 이러지도 저러지도 못하는 그룹이다. 경우의 수를 본다면 영어가 되지만 토익 시험을 보지 않은 사람이 있을 수 있고, 아예 영어라 하면 혀를 내두르는 사람일 수도 있다.

전자에 해당하는 사람이라면 지금부터라도 토익을 공부해서 점수를 획득하는 것이 좋다. 선택의 폭이 상당히 넓어지기 때문이다. 한 학기 또는 1년을 투자해서 내 인생이 행복해질 수 있다면 주저할 필요가 없다. 늦다고 생각하는 때가 가장 빠르다.

만약 후자라면 단호한 결정을 해야 한다. 영어를 포기하고 다른 역량을 키워서 진입하면 된다. 자신의 적성과 맞는 취업 가능한 회사에서 역량과 직무 능력을 키워서 경력사원으로 큰 회사로 최종 이동하는 전략으로 접근해야 한다.

대부분의 기업에서 토익을 필수로 보기는 하지만, 영어 기본기와 성실도를 측정하는 것이라고 본다. 실은 영어를 못해도 직장생활을 하는데 지장은 없다. 영어가 필요하지 않는 부서도 많다. 어떤 제자는 필자의 조언을 듣고 토익도 920점대로 높이고, 회화 실력을 향상시키기 위해 캐나다에 어학연수도 1년 다녀왔다. 바라던 K 은행에 입사한 지 2년 후 전화가 왔다. 너무 억울하다는 이야기였다. 회사에 입사해서 영어로 단 한 번도 말한 적이 없다는 것이다.

영어는 직장생활을 하다가 필요성을 느낄 때 공부해도 된다. 영어에 관심도 없고, 기초도 없는 상태에서 4학년 한 해를 영어에 매달린다면 영원히 백수로 지낼 수 있다. 과감한 결정을 내리고 다른 역량을 키워서 우회하는 전략으로 취업 진로를 설계하기 바란다.

- 시간이 가능하다면 토익 도전 – 토익이 높아지면 지원 폭이 넓어짐
- 인턴을 통해 구축된 인프라 활용 – 1년간의 인턴 기간에 인지시킨 역량 활용
- 기획&문서 작성, 프레젠테이션 스킬 배양
- 직무 수행에 대한 역량 강화
- 멘토를 통한 취업 알선 전략 수립

영어 기초가 되면 토익에 도전하라

토익 점수가 없으면 일단 기업에 서류를 지원할 수가 없다. 한 군데라도 공란이 생기거나, 커트라인보다 점수가 낮다면 지원할 여지가 없다. 높은 학점을 유지하고 있어도, 토익 점수 때문에 발목이 잡힌다면 안타까운 일이다.

여러분 인생에 가장 중요한 것이 무엇인가를 생각해보기 바란다. 남들에게 이름만 대면 알 수 있는 기업에 취업하는 것이 전부는 아니겠지만, 사회에 첫발을 내딛는 것은 중요한 의미가 있다. 사회생활을 어느 그룹에서부터 시작하느냐의 문제이기 때문이다.

토익 점수가 여러분의 인생을 좌우한다면 공부 못할 것도 없지 않은가? 영어가 좀 되는 사람이라면 지금이라도 토익 시험에 도전하기를 권한다.

문서 작성, 프레젠테이션, 컴퓨터 활용 능력을 향상시켜라

그런데 가장 어려운 것이 사람을 소개하는 일이다. 소개하더라도 회사생활을 할 수 있는 역량을 갖추고 있으면 별 문제가 없다. 문서 작성도 못하고, 파워포인트 스킬도 떨어지고, 컴퓨터 활용 능력도 떨어진다면 어떻게 소개하겠는가? 아는 사람이 기업에 여러분을 소개하고 싶어도 업무를 수행 역량이 부족하면 어쩔 수 없다.

케이스 3 그룹이 토익을 포기하고, 소개로 취업하고자 할 경우라면, 직무 수행 능력을 갖추는 것이 문제다. 토익이 없어 기본 스펙을 갖추지 못했다면, 그를 보완하는 다른 강점이 있어야 한다. 학점을 더 높이려는 어리석은 선택은 하지 마라. 일하는 데 뭐라도 하나는 내세울 거리가 있어야 소개도 가능하고 취업도 할 수 있다.

수업 시간 이외의 모든 시간을 위에 소개한 역량들을 취득하는 데 투자해라. 케이스 3 그룹은 기본 스펙만으로 문제를 해결하기 어렵다. 따라서 기업에서 일하는 데 필요한 역량을 갖추는 것이 성공의 열쇠다.

멘토를 통해서 취업의 길을 열어라

여러분의 성공을 간절히 원하는 사람을 멘토이다. 그런 사람이 있는가? 찾아보지도 않고 없다는 사람이 많다. 여러분이 마음의 문을 열면 도와줄 사람들이 많은데도 마음의 문을 열지 못해서 멘토가 다가오지 못하는 것은 아닌가?

모든 조건을 다 갖추고 있다면 굳이 소개할 필요도 없다. 스스로 문제를 해결할 수 있기 때문이다. 그러나 소개를 해야 취업을 할 수 있다는 것은, 뭔가 조금 부족함이 있기 때문이다. 20대 나이에 세상의 문을 혼자 열기란 쉽지 않다. 여러분을 도와서 성공시킬 수 있는 멘토를 빨리 찾아내는 것이 가장 중요한 일인지도 모르겠다.

필자의 경험에 의하면 아는 사람이 손잡고 소개하는 것이 가장 쉬운 취업 방법이다. 다소 스펙이 부족하더라도 소개하는 사람의 관계도 있고 해서 쉽게 거절하지 못하기 때문에 성공률이 높다.

평소에 잘하라는 것이 이런 결정적인 때를 위한 말이다. 주변 지인들에게 여러분을 적극적으로 알려야 한다. 여러분을 기억하고 있다가 기회가 생기면 소개할 수 있기 때문이다. 여러분이 마음의 문을 열지 못하고, 알려놓지 않으면 무엇을 생각하고 있는지 모르고, 어떤 것을 하고 싶어 하는지, 무엇을 잘하는지 모르기 때문에 기회가 생겨도 소개할 수 없다. 하루에 한 사람씩 찾아가서 여러분을 알리기 바란다.

기업 체험을 통해서 맺어진 인프라를 활용하라

멘토를 활용하는 것과 인프라를 활용하는 것은 조금 차이가 있다. 기업 체험이나 인턴을 통해 관계하는 인프라는 본인의 직무 역량을 알고 그와 관련된 회사로 소개할 가능성이 더 크다.

인턴생활을 했거나 비정규직으로 회사생활을 해본 경험이 있는 사람은 그때 알게 된 선배들의 인프라를 활용해야 한다. 영어 성적보다도 더 중요한 것은 성실하게 일할 줄 아는 사람이다. 자신의 성실함을 인정받았다면, 회사생활을 하면서 알게 된 선배들이 취업 추천을 한다거나 관련 회사로 소개하는 것은 빠른 취업 방법일 것이다.

매뉴얼뱅크에 입사한 제자의 사례이다.

이은미 씨는 전문대학을 졸업하고 서울여대로 편입한 학생이다. 전공도 국문학이어서 취업하기 쉽지 않았다. 학기 초부터 취업 및 진로 문제로 많은 상담을 했었다. 다행히 필자가 잘 아는 매뉴얼뱅크라는 회사에서 국문 카피라이터를 채용한다는 소식을 듣고 이은미 씨에게 회사를 소개했다. 사장 면접 이후에 실무자와 업무 테스트를 한 다음 입사했다. 연봉도 대졸 평균이었으며, 지하철역 가까이에 회사가 있어서 출퇴근도 편리했다. 무엇보다도 일하는 분위기가 좋아서 최적의 일터를 선택했다고 좋아했다.

네 번째 케이스

학점은 3.7 이상이고 토익은 900점이 넘는 상위 5%에 해당하는 사람이다.

성실하게 대학생활을 한 사람들이지만, 위험도가 가장 높고 취업 재수가 많은 그룹이다. 이들은 목표 의식이나 도전 정신이 강하다. 그러나 모두가 선호하는 기업군으로 몰려다니기 때문에 위험도가 가장 높다.

상황 분석

- 상위 5%에 해당되는 사람
- 목표 의식이 있는 사람
- 도전 정신이 강한 사람
- 성실하게 대학생활을 한 사람
- 대기업, 공사로 집중되는 현상
- 위험도가 가장 높은 그룹
- 취업 재수가 많은 그룹

어떤 일을 하면서 살 것인가를 결정하라

스펙이 우수한 이들은 명성이 있는 회사에는 주저하지 않고 서류를 제출한다. 학점과 토익 점수, 기타 직무 역량에 필요한 여러 가지 자질을 두루 갖추고 있기 때문에 늘 자신감이 있다.

그러나 상위 5%에 해당되는 전국에 우수한 인재들이 몰려다니기 때문에 여러 번 낙방한다. 본인은 낙방한 원인이 무엇인지도 모르고 고민한다. 케이스 4는 우수한 사람들이기 때문에 더 많은 노력과 준비를 해야 한다.

생각 없이 서류를 제출하면 서류가 통과되었더라도 면접에서 낙방하기 십상이다. 필자의 제자 중에 이런 스펙을 지닌 학생이 있었다. H 쇼핑몰에 입사 서류를 제출했었는데 면접관의 질문은 "유통관리사 자격증은 취득하셨나요?"였다. 쇼핑몰에 지원해놓고도, 유통 분야로 갈 생각이 없었기 때문에 자격증을 취득해야 한다는 생각은 전혀 하지 않은 것이다. 생각 없이 지원했다 면접에서 낙방했다.

이들은 무슨 일을 하면서 생활하겠다는 잡 사이즈(job size)를 정해야 한다. 잡 사이즈에는 필요한 역량들이 있기 때문이다. 필자가 상담한 결과 이 학생은 은행에서 근무하는 것이 더 적성에 잘 맞겠다는 판단을 하고 은행 쪽을 집중 분석해서 K 은행에 입사했다.

전략 제언

- 어떤 일을 하면서 살 것인가?
  - job size를 정하라.
- 지원사 산업군을 분석하고 전략 연구
  - 맞춤식으로 준비한다.
- 차등화 전략 연구와 면접에 대한 철저한 준비가 요구된다.
- 전문가의 코치를 받으면서 목표 관리 및 표적 맞춤식 진입 요망

지원사 산업군을 분석하고 전략을 연구하라 🍺

우수한 인재인 만큼 채용하는 측에서도 관여도가 높다. 큰 기업일수록 전공에 대한 깊이를 확인하려 하고, 폭넓은 분야에 관한 것을 요구하기도 한다. 예를 든다면, 자사가 속해 있는 산업의 동향이나 경쟁관계에 대해서도 얼마나 파악하고 있는지를 확인한다.

이런 스펙을 지닌 사람일수록 목표를 확실히 정해서 전략을 짜야 한다. 자사가 속해 있는 산업군이 최근에 무엇에 관심 있는지를 파악해두는 것도 중요하다. 지원사가 경쟁에서 승리할 수 있는 '기회선점 경쟁요인'을 발견하는 것도 좋다. 예를 든다면, 브릭스(BRICs)를 기반으로 해외 진출의 적합한 시기와 방법들에 대해서도 정리해보는 것도 좋다. 매출이 빠지는 원인을 찾아서 대안을 연구하는 것도 좋다.

한 예로 질레트는 매출이 50% 가량 빠지고 있다. 신제품 개발이나 디자인에 총력을 기울이고 있지만 매년 매출은 감소하고 있다. 문제의 원인을 찾고 대안을 제시해야 한다.

이유가 무엇일까? 질레트의 경쟁사는 파나소닉이나 브라운이 아니라 제약 회사다. 제약 회사에서 생산하는 '제모제'가 경쟁이다. 면도를 하고 제모제를 바르면 수염이 자라지 않는다. 제모제는 선크림 역할까지 함으로써 화장품 회사까지 영향을 미친다. 그렇다면 질레트는 제모제와 싸울 새로운 전략이 필요하다. 우수한 인재들에게는 이런 정도의 전략을 요구한다. 지원사의 산업과 경쟁관계를 충분히 파악하는 것이 경쟁력을 높이는 핵심이 될 것이다.

전문가에게 도움을 요청하고
목표 관리 및 맞춤식 취업 준비를 하라

전문가라면 지원하는 회사에 근무하는 고위 인사나 같은 산업에 종사하는 고위 직급의 사람을 말한다. 상위 그룹은 하루가 다르게 변하는 시장의 판세를 읽어야 한다. 따라서 전문가에게 들을 수 있는 정보는 최신 버전이며, 입사에 큰 도움이 되므로 그 정보에만 집중해서 준비하면 되는 기회를 제공하기도 한다. 상위 5%의 성공 비결은 정보 관리며 목표 관리다. 발품을 팔거나 인프라를 활용하여 가치 있는 정보를 많이 수집하는 것이 좋다.

여기에서 목표 관리란 무엇이며, 왜 필요한 것일까?

취업 준비생들에게 목표 관리란 1차 지원 대상, 2차 지원 대상, 3차 지원 대상을 계획하는 것이다. 상위 5%에 해당하는 사람들도 채용 공고가 뜨면 몰려다닌다. 제자들에게 들은 이야기지만 A라는 회사에서 만났던 지원자들을 C라는 회사에서 다시 보았다고 한다. '면접동기생'이 만들어 지는 그룹인 것이다.

우루루 몰려다니다 보면 기회를 놓치고 취업 재수를 하게 될

지도 모른다. 몰려다니는 일을 그만하기 위해서는 철저히 목표 관리를 해야 하고 나름대로 전문가의 도움을 받아서 전략을 수립해야 한다. 남들이 A군으로 갈 때 나는 B군으로 가는 것을 계획해야 하고, 다들 A급으로 지원할 때 나는 B급으로 지원하는 전략을 세워야 한다.

제자 중에 신정현이란 학생이 있었다. 국문학을 전공한 학생이었는데, 자기소개서를 작성해온 것을 보니 문장 솜씨가 뛰어났다. 작가가 되는 것이 좋겠다고 의견을 모은 후 목표 관리에 들어갔다. 많은 작가 지망생들은 KBS, MBC, SBS로 지원했다. 흔히 말해서 A군으로 몰려간 것이다. 그러나 정현이는 B군인 EBS로 지원해서 합격했다. 1년 동안 EBS에서 작가로의 경험을 쌓은 후에 1년 전에 KBS로 옮겨서 〈러브 인 아시아〉의 작가로 현재 활동하고 있다.

착실하게 경험을 쌓은 후, 더 높은 곳으로 도약하면 된다. 치열한 경쟁이 있는 곳을 피해서 우회 전략을 계획해보는 것도 나쁘진 않다. 들어갈 사람은 한 명인데 정면 대결로 몇백 대 일의 승부를 벌인다는 것은 무모한 일인지도 모른다.

우회 전략을 계획하면서 확실하게 해야 할 것은 공격할 표적을 제대로 정하는 일이다. 표적을 정하고 나면 더 단련할 수 있다. 그렇게 준비된 것들은 심적으로 자신감을 갖게 해준다.

스펙이 우수하더라도 생각 없이 지원서를 남발하지 말고, 전략적으로 더 많이 준비해야 한다는 사실을 잊지 마라.

케이스 4는 국민은행에 입사한 제자 김보라와 신현정이다. 아
점프에 취업 성공 선배 동영상이 있으니 직접 들어보기 바란다.

다섯 번째 케이스

이들은 학점은 3.5 정도에 토익은 800점대이며, 챌린저에
도전하여 대상을 받은 사람이다.

케이스 5의 강점은 챌린저에 도전해서 수상한 경력이 있다는
것이다.

필자의 제자들의 사례다.

제자들은 삼성 챌린저, LG 챌린저, 두산 '처음처럼' 공모전에
도전했다. 5명이 한 팀이 되어 각자 업무를 분장(分掌)하고 자료
와 정보를 수집하기 시작했다.

상황 분석

- 학점과 토익이 30%에 해당되는 사람
- 역량 있는 인재로 인식
- 챌린저 성과에 가산점 부여
- 채용 즉시 활용 가능한 인재로 인식
- 그룹 군이 강하게 형성된 관계로 면접이
  채용에 핵심 포인트다.
- 문서 작성 능력 긍정적 평가

수집된 자료와 정보는 팀 토론을 통하여 가공하고 편집해서 파워포인트로 문서화 작업을 하기까지 한 달 가량 소요되었다. 당시 이슈는 한국의 문화와 전통을 미국 라스베이거스 거리에서 공연하는 것이었다. 1차 서류 심사에 통과했다. 그런데 문제는 156개 팀이 선발되어 발표하게 되었는데, 불행하게도 156번째에 발표하는 주자로 뽑힌 것이다. 제일 마지막 주자가 발표할 때는 평가단들이 모두 지쳐 있을 것이고, 다들 빨리 끝내고 갔으면 하는 생각을 할 것이다. 발표 시간으로 15분이 주어졌지만 전략적으로 3분 이내로 끝내는 것으로 파워포인트 작업을 했었다. 보충 설명할 것은 애니메이션 스킬을 도입해서 링크를 걸어 두었다. 대신 디자인과 구성에 만전을 기했다.

예상했던 대로 명쾌한 이슈와 화려하게 제작된 자료가 3분 만에 끝나자 평가단들은 질문하기 시작했다. 마지막 156번째 팀이었지만 50분이란 긴 시간 동안 질문과 대답이 이어졌다. 의도한 것을 충분히 알릴 수 있었으며, 결과는 대상이었다. 42일 동안 기업에서 제공하는 비용으로 우리 학생들은 라스베이거스에서 한국의 문화와 전통을 알리고, 자신들의 끼를 마음껏 발휘할 수 있는 기회를 누릴 수 있었다. 그리고 챌린저 대상을 수상한 가산점으로 롯데 엔터테인먼트사에 입사하여 현재 근무하고 있다.

챌린저나 공모전에 도전해서 입상한 경력이 있으면 개최 기업에 큰 가산점을 얻는다. 최우수상은 400점, 우수상은 300점의 가산점을 얻는다. 더 중요하게 평가받는 것은 거대한 프로젝트를 수행해봤다는 경험이다. 팀을 만들어서 업무 분장을 하고, 자료와 정보를 분석한 뒤에 산출물을 만들어 발표해야 한다. 자료와 정보를 찾기 위해서는 발품도 팔고 인터넷도 서핑해야 하고, 정보지들을 모두 뒤져야 한다. 조직원 간 토론을 통해서 의견 조율도 하다 보니 자연스레 커뮤니케이션과 일하는 프로세스를 터득하게 된다. 이런 모든 것들이 가치로 변하게 되고 역량으로 인정받게 됨으로써 취업에 성공할 수 있다.

필자는 제자들에게 가능한 한 많은 공모전과 챌린저에 팀을 만들어 도전할 것을 권한다. 그런 과정을 통해 공부보다도 더 중요한 것들을 배운다고 믿고 있다.

여러분도 챌린저나 공모전에 적극 도전해보기 바란다. 때로는 밤을 새우기도 하고, 의견 충돌로 내분이 생기기도 하겠지만, 동료애가 무엇인지, 어떻게 일해야 하는지도 알게 된다.

전략 제언

- 기업 역량이 강함으로써 핵심 역량 전달에 대한 사전 훈련 필수 – 예측 질문에 대한 사전 준비
- 챌린저 관련 질문 준비 – 관련 회사, 산업군에 대한 정보 정리
- 시간이 가능하면 토익 점수를 올릴 것
- 강점을 어필하고, 유도 질문을 기획
- 챌린저사, 유사 산업 존 방향 설정, 확대 전략 연구

챌린저를 통해 얻게 된 경험과 역량에 대해 준비하라

챌린저나 공모전에 입상한 경험자에게는 그에 관한 질문이 많다. 챌린저를 준비하면서 느꼈던 점들에 대해 간략하게 메모해서 정리하면 좋다.

높이 평가하는 만큼 확인 절차도 까다롭다. '준비 과정에서 팀원 간에 의견 충돌은 없었는가? 있었다면 어떻게 해결했는가? 시장 조사는 어떤 방식으로 했으며, 결과는 어떻게 나왔는가? 제시한 산출물은 현업에 반영되었는가? 그런 경험을 통해 우리 회사에서는 무엇을 할 것인가?' 등의 질문이 나온다.

강점을 어필하고 유도 질문을 계획하라

챌린저를 통해서 실질적인 프로젝트를 수행해본 경험은 현업에 상당한 도움이 된다. 따라서 준비과정의 수행업무에 대해 충분히 말할 수 있어야 한다. 이러한 스펙을 보유한 사람은 현업에서 일어날 수 있는 일들과 연관지어서 유도 질문을 많이 받기도 한다. 질문의 핵심을 파악하고 경험했던 사례들을 근거로 논리적으로 설명하면 좋다.

챌린저에 도전했던 회사나 그와 유사한 회사로 지원하라

챌린저에 입상한 사람들 대부분은 공모한 회사에 거의 입사한다. 경우에 따라서는 다른 회사를 선택할 수 있겠지만 가능한 유사한 산업군을 선택하는 것이 취업에 용이하다. 이미 관련된 산업에 대해서 시장 판세와 경쟁관계들을 알고 있기 때문에 현업에서 활용할 수 있는 것들도 상당할 것이다. 잘 활용하면 즉시 성과를 낼 수 있는 기회도 잡을 수 있다.

여섯 번째 케이스

학점은 약하지만 어학 능력이 탁월한 사람이다.

케이스 6은 외국에서 공부하다가 한국에 들어온 학생이나, 영어에만 관심을 갖고 다른 것에는 전혀 관심이 없는 사람이다. 이들에게는 다른 무엇보다도 학점을 높이는 전략을 세우기 권한다. 3학년 2학기 평점이 2.8~2.9 정도라면 4학년 때 학점을 3.0으로 높이는 것이 가장 급한 일이다. 학점을 3.0대로 높이면 대기업 지원도 가능하고, 선택의 폭이 두 배가 될 수 있다. 조금만 관심을 가지고 노력하면 가능하다.

상황 분석

- 10%에 해당되는 사람
- 해외파, 어학에 집중한 사람
- 기업의 니즈 분석, 연구가 전혀 없는 사람
- 어학 관련 부서가 아니면 채용이 곤란함
- 학점 관리에 집중, 선택의 폭이 넓어짐
- 상담기관을 통한 경력 관리가 필요

또한 이들은 사람별로 다양한 특성을 지니고 있다. 강점이 많은 사람들이다. 개성도 강하고, 글로벌 마인드와 풍성한 스토리도 지니고 있다. 사실은 외국어대학교 학생들의 취업률이 높은 것도 이런 강점이 있기에 때문이라고 생각한다. 인턴생활을 하더라도 국내 기업보다는 외국계 기업에서 해보는 것이 좋고, 직무 역량을 키우기 위해서 선택할 일이 있다면 가능한 한 외국 기업들과 업무를 하는 부서나 일을 선택하는 것이 좋다. 무역협회에서 주관하는 직무 과정이 어쩌면 이런 케이스와 잘 맞을 수 있다. 상담 기관을 찾아서 진로에 대해 상담하는 것을 두려워하지 말고 적극적으로 활용할 것을 권한다.

- 시간이 가능하면 학점을 높여야 함 – 진로 선택의 폭이 넓어질 수 있음
- 외국기업, 대기업, 중견기업 해외부 순으로 진로 단계를 설계
- 인프라를 최대한 활용
- 외국 기업의 인턴 경험을 권장
- 인적 네트워크, 강점을 최대한 활용한 전략 계획

케이스 6은 목표 관리가 중요하다

첫 번째 목표로 가능한 한 외국계 회사를 겨냥하는 것이 좋다. 외국계 회사는 신문이나 인터넷에 채용 공고를 내지 않는다. 채용 분야의 잡 사이즈와 연봉, 또는 경력 관계나 업무 수행 능력을 제시해서 직원들의 인프라를 이용하거나 헤드헌팅 회사에 의뢰한다.

외국계 회사가 목표 관리 1순위인 어학 능력이 되는 사람들은 주변의 지인들에게 자신의 역량을 알려두는 것이 좋다. 지인이라면 학교 선배나 교수님 또는 학교에 출강하는 외부 강사들도 될 수 있다.

이들의 목표는 1단계는 외국계, 2단계는 대기업, 3단계는 중견기업이다. 1단계 진입 전략을 위한 지인 관리를 소홀히 하면

바로 3단계로 내려가야 한다. 2단계로 준비하는 것이 대기업 해외 사업부 정도인데, 학점이 부족하기 때문에 지원조차 어렵다. 시간이 되는 사람이라면 학점을 최소한 3.0 이상을 만들어두어야 한다. 대기업 지원이 가능하기 때문에 선택의 폭이 커진다. 3단계는 중견기업, 중소기업 해외 사업부다. 강점을 활용하기 위해서는 외국계 기업이나 해외 사업부가 적합하다.

인턴생활을 경험하라

기업은 일을 해본 경험이 있는 사람을 선호한다. 커뮤니케이션이 빠르기 때문이다. 학교에서 주선하는 인턴 과정을 적극 활용하거나 주변의 지인을 통해서라도 인턴 기회를 만들면 큰 가산점이 될 수 있다. 어학 공부를 멈추고 발품을 팔더라도 지인을 찾아서 자신의 생각을 알리고, 현장에서 직무를 익히면서 경험을 쌓는 것이 가장 중요한 일임을 명심하라.

강점을 활용하라

수준 높은 어학 실력은 큰 강점이다. 강점을 더 강화시키는 전략을 계획하기 바란다. 생활 영어보다도 비즈니스 영어가 가능하도록 해야 하고, 영어로 문서를 작성할 정도로 실력을 쌓는 것도 좋은 가치가 된다. 토익 점수에 의존하기보다는 다양한 역량을 쌓는 것이 선택의 폭을 넓히고, 본인의 가치를 높이는 길이다.

　시나리오별 취업 전략을 정리해보자.

　마구잡이식으로 지원서를 제출하던 것을 멈춰야 한다. 각자의 스펙과 역량을 분석하고, 약점을 보완하면서 강점을 강화시키는 전략을 계획하는 것이 성공률을 높인다. 막연하게 산업군이나 회사 규모를 보고 지원해서는 성공할 수 없다. 표적을 정하고 맞춤식으로 세분화하여 파악하고 집중하면 성공률이 높다.
　포기할 것은 냉정하게 포기하자. 욕심을 버리고 낮은 곳에서 경력을 쌓아서 높은 곳으로 이동하면 된다. 처음부터 높은 곳만 쳐다보고 눈높이를 낮추지 않을 경우에는 평생 백수로 살 수도 있다.
　늦었다고 생각할 때가 가장 빠르다. 지금이라도 전문가와 상담하며, 마음의 문을 열고 준비하면 된다.

4

성공하는
서류의 비밀

이력서에는 적어 넣어야 할 항목들이 많다. 일찍부터 취업을 준비한 사람들은 취업할 무렵이 되면 대부분 칸들을 메울 수 있다. 그러나 4학년이 되어서야 취업을 준비하는 사람일 경우는 몇 줄을 채워 넣지 못하고 빈칸으로 두는 사람도 있다. 빈칸이 많을수록 불안하고, 빈칸이 많을수록 낙방할 확률도 높다.

성공한 사람들은 운이 좋아서 취업에 성공했을까?
남다른 가치가 있었고,
가치를 전달하는 데 성공했기에 채용되었을 것이다.
기본 스펙이 높고,
역량도 갖추고 있는데도
취업되지 못하는 사람은 무엇이 문제일까?
자신의 가치를 전달하는 데 실패했기 때문으로 본다.
가치는 무엇이고 어떻게 표현하는 것이
상대를 설득하는 데 용이한 지에 대해 이야기하고자 한다.

378개 회사에 서류를 보냈는데 모두 떨어졌다

한 제자가 연구실로 찾아와서 하소연했다. 378개 회사에 서류를 보냈는데, 단 한 곳도 면접에 불러준 곳이 없단다. 필자의 수업을 들은 학생이라 문제가 무엇인가 싶어서 회사에 제출한 이력서와 자기소개서를 보자고 했다.

서류는 그야말로 두루뭉술하게 작성되어 있었다. 무슨 회사에 지원하는지 알 수 없었고, 지원한 부서도 알 수 없었다. 자신을 자랑하는 내용은 가득했지만, 정작 지원한 부서에 업무를 수행할 수 있다는 역량은 단 한 마디도 없었다. 이력서와 자기소개서를 표준화하여 채용 공고가 뜨는 회사에 모두 보낸 것이다. 도대체 이 제자가 내 수업을 들은 학생인지 의심스러웠다.

서류에는 가치를 담아야 한다. 최소한 지원하는 회사에 대해서 연구해야 하고, 회사의 산업과 경쟁 관계도 자기소개서에 담아야 한다. 지원한 부서에 직무도 수행할 수 있다고 써야 한다.

이력서와 자기소개서를 읽는 사람은 여러분이 회사에 대해 알고 있는지부터 확인한다. 그것은 자기소개서를 읽으면서 발견할 수 있다. 자사에 대해서 아는 것이 없는 사람은 채용할 가치가 없다. 채용 공고가 뜨는 회사마다 보낸 서류가 무슨 가치가 있겠는가?

범용 자기소개서

이력서와 자기소개서를 범용으로 표준화했다거나 가치를 담아내지 못할 경우에는 취업할 생각을 하지 말아야 한다. 아래는 내용을 표준화하여 여기저기 보낸 학생들의 자기소개서이다.

지원 동기(회사를 지원하게 된 동기를 입력하세요. 300자)

준비된 ○○맨!

시장의 접점에서 고객 만족을 실현하고 수익 창출을 높이려면 물류 운영 업무가 무엇보다 뒷받침되어야 한다고 생각합니다. 이러한 물류 관련 분야에 대한 전문성을 쌓고자 유통관리사와 물류관리사 자격증을 취득하였으며, 교내 업무 보조 및 인턴활동, 아르바이트 등을 통하여 다양한 경험을 쌓았습니다. 이러한 경험을 통하여 유통·물류 분야의 고객 지향적 마인드와 대인 관계, 전략적 사고 또한 쌓을 수 있었으며, 물류 운영 분야에서 요구하는 역량을 갖추었다고 생각하여 ○○스텍스에 지원하였습니다.

성장 과정(자신의 성장 과정과 가족 사항 등을 입력하세요. 300자)

중학교 담임 선생님께서 편지에 써 주신 글귀 중 하나입니다. 대학교 KTF Show Leadership 업무 수행 중에는 교육생들 개개인의 문제점들에 대해 어떻게 해결해가는 것이 좋은지 대안을 제시하기 위해 노력하였으며, 문제 해결 시 교육생들이 "넌 가려운 곳을 긁어줄 줄 안다."라는 말을 해주셨습니다. 이러한 경험을 통하여 유통·물류에서 중시하는 고객의 처지를 생각하고 희망 사항에 적절히 대응하여 만족하게 해줄 수 있는 협력과 상생을 아는 ○○맨이 될 준비가 되어 있습니다.

위의 자기소개서는 국내 최대의 유통 회사에 제출했던 서류인데, 다른 회사에도 같은 자기소개서를 제출함으로써 그 학생은 또 낙방했다.

1. 자신의 성장과정(한글 450자 이내 및 12줄 이내로 작성)

"넌 사람의 마음을 읽을 줄 아는 녀석이야!"

중학교 담임 선생님께서 편지에 써 주신 글귀 중 하나이며, 친구들과 주변 분들이 항상 해주시는 말입니다. 대학교에서 KTF Show Leadership 최고위 과정 업무를 통해 많은 사람과 팀 프로젝트를 수행하였으며, 함께 활동했던 교육생들 개개인의 문제점들에 대해 이야기를 나누면서 어떻게 해결해가는 것이 좋은지 대안을 제시하기 위해 노력하였습니다. 교육생들이 저 나름의 대안을 받아들여 문제를 해결했을 때에는 "넌 가려운 곳을 긁어줄 줄 안다."라는 말을 자주 해주었습니다.

이러한 경험을 통하여 영업에서 중시하는 고객의 처지를 생각하고 희망 사항에 적절히 대응하여 만족하게 해줄 수 있는 고객 지향적 마인드와 원만한 대인 관계력을 쌓아왔다고 자신 있게 말할 수 있습니다.

2. 성격의 장 · 단점(한글 450자 이내 및 12줄 이내로 작성)

"난 할 수 있다!"

계획성과 추진력, 대인관계를 높이고자 아침마다 외치는 구호입니다. 구호처럼, 어학연수를 위하여 관련 비용 및 생활 계획을 세웠으며, 그 결과 목표 기간인 4개월에 목표 금액 500만 원을 모았습니다. 추진력을 높이고자 대학 2학년 때 학과 총무를 맡아 학술제를 개최하여 진행하였으며, 그 결과 전 해 대비 2배의 학생 참여도를 이끌어내 학과 교수님들께 많은 격려를 받았습니다. 또한 교내 테니스 동아리 및 다양한 프로젝트 모임 등을 통하여 대인 관계를 넓히는 한편, 다른 만남을 만들어 내면서 더 큰 효과를 낸 적이 많습니다. 이러한 경험을 통해 농심에서 중시하는 전문성과 인성을 쌓으려고 노력하였습니다.

반면, 자신의 생각을 고수하는 편이라 친구들과 토론 모임을 만들어 주 1회 모임을 통해 의견의 다양성과 발상의 전환점을 키우며 단점을 보완하려 노력하고 있습니다.

3. 대학생활 및 교내외 활동(서클 / 봉사)
(한글 450자 이내 및 12줄 이내로 작성)

"긍정의 표본은 바로 나!"

KTF주관 Mobile Futurist 4기 대학생 인턴활동을 통하여 프로젝트를 수행할 기회가 생겼습니다. 팀 회의를 거쳐 휴대전화 무선통신을 이용하여 지하철과 시내버스 교통정보만으로 서울에서 부산까지 가는 계획을 세웠습니다. 주위의 부정적인 시선에도 팀 내 부조장 역할을 하면서 사전 조사와 철저한 계획을 통하여 팀원들의 도전정신을 북돋아주었습니다. (중략)

4. 지원 동기(회사 / 지원 분야)
(한글 450자 이내 및 12줄 이내로 작성)

"준비된 일꾼!"

시장의 접점에서 고객 만족을 실현하고 판매를 촉진해 회사 수익 창출의 직접적인 역할을 할 준비가 되어 있습니다. 그러려고 관심 분야에 대한 전문성을 쌓고자 자격증을 취득하였으며, 교내 부서에서의 다양한 업무 보조 및 인턴활동, 아르바이트를 하였습니다.

　이러한 경험을 통해 고객 지향적 마인드와 대인관계, 전략적 사고를 쌓을 수 있었으며, 영업 분야에서 요구하는 역량을 갖추었다고 생각하여 농심의 국내 영업직에 지원하게 되었습니다. 전 항상 영업부는 회사의 얼굴이라고 생각합니다. 그래서 저 자신이 먼저 고객에게 다가가려는 마음가짐과 귀사의 미래와 비전을 저의 자신감 있는 행동과 열정을 통하여 더욱 좋은 성과를 이끌어 낼 수 있도록 하겠습니다.

유사한 자기소개서 내용이다. 분명한 것은 제출한 회사가 서로 다르다.

그러나 취업에는 모두 실패했다. 회사가 다른 데도 앞에 내용을 컴퓨터 어딘가에 보관하고 있다가 다른 회사에 지원할 때 재탕해서 사용했다.

클릭 휴지통

범용 이력서를 작성해서 어디 한 군데라도 합격하면 다행일 것이다. 문제는 인사 담당자들이 이런 식의 서류를 바로 클릭해서 휴지통으로 버리는 데 있다. 몇백 장, 몇천 장의 서류를 읽어 온 사람들이 이런 서류를 쓴 사람을 통과시킬 리 만무하다.

이 학생에게 해 줄 조언은 다음과 같다.

첫째, 마구잡이식 지원을 멈춰야 한다.

취업은 전략이다. 나의 스펙과 역량을 고려해서 진로를 설계해야 하고, 전공이나 적성도 고려해야 한다. 전공을 살리지 못할 경우에는 적성이라도 맞는 직무를 선택하는 것이 유리하다.

둘째, 표적 회사를 집중적으로 분석하고 가치를 담아라.

표적 회사의 핵심 사안이 무엇인지를 발견하는 것은 취업의 승패를 좌우할 수 있다. 지원사를 분석한 내용을 자기소개서 어딘가에는 기록해야 한다. 회사를 얼마나 알고 있는지도 면접관들의 관심사이다. 가치는 크게 두 가지다. 하나는 지원하는 직무에 대해 수행 능력을 말하는 것이고, 다른 하나는 기업의 갈증 요인을 발견하고 대안을 제시하는 것이다. 갈증 요인에 대안을 제시하는 사례는 다음 장에서 더 자세히 말하겠다.

셋째, 낙방한 서류는 휴지통에 버려라.

이미 낙방한 서류를 재탕하는 어리석음을 범하지 마라. 낙방한 서류는 가치가 없기 때문에 미련 없이 휴지통에 버려라. 가치 있는 자기소개서의 기본은 늘 새롭게 창조되어야 한다.

넷째, 선배는 멋진 파트너고 안내자다.

지원하는 회사에 근무하는 선배를 찾아 나서라. 선배는 멋진 파트너이고, 면접장까지 갈 수 있는 유일한 안내자일 수 있다. 선배는 조건 없이 여러분을 돕는다.

이력서와 자기소개서는 면접장까지 가기 위한 수단이다. 면접장에 가야 자신을 알릴 수 있다. 가치를 담은 자기소개서를 작성해서 자기를 알릴 수 있는 기회를 만들기 바란다.

차등화 전략으로 승부하라

적을 알아야 싸움의 방식을 세울 수 있다. 김위찬 교수가 쓴 『블루오션 전략』에서 솔레이유 서커스의 경쟁자는 기존의 서커스보다도 도시생활의 레저화, 스포츠 게임, 각종 이벤트, 비디오 게임 등이 새로운 적으로 지목되었다. 기존의 서커스가 상품이라고 했던 동물 묘기쇼와 비용이 많이 드는 3단 무대 등을 과감하게 버리고, 새로운 경쟁 방식을 연구해서 창조적인 프로그램을 만들어야 한다는 결론을 내렸다. 솔레이유 서커스는 브로드웨이 42번가의 뮤지컬을 벤치마킹해서 연극과 무용이 어우러지고, 세련된 관람 환경을 개선하고 테마가 있는 작품을 선보였다. 그러자 지구 반대편 사람들이 배낭을 메고 그것을 보려 몰려왔다. 다른 서커스들은 시장에서 대부분 사라졌지만 솔레이유 서커스는 2천5백 명의 스텝진과 6억 5천만 달러의 수익을 창출하는 기업으로 성장하는 회사가 되었다.

나이키의 새로운 적

나이키의 경쟁사는 아디다스였다. 두 회사가 같은 산업군에서 치열할 경쟁을 하고 있음을 부인할 수는 없을 것이다. 스포츠용품 산업에서 서로를 견제하며, 지금까지 시장점유율 경쟁을 높이기 위해서 모든 에너지를 집중시켰다. 책으로도 나왔지만, 나이키의 진정한 상대는 아디다스가 아니라 닌텐도다.

2002년 11월 10일 KBS 〈일요스페셜〉에서는 "변화 경영 – 세계 초일류 기업 등의 1등 사수 전략"이라는 주제의 방송을 했다. 여기에 등장한 나이키, 월마트, 베텔스만, 메트라이프, 클럽메드 등은 각각 자신의 사업 분야에서 짧게는 25년, 길게는 130여 년 동안 세계 1위를 고수해온 초일류 기업들이다. 이들이 지금껏 변함없이 세계 정상의 자리를 유지하는 비결, 닥쳐오는 위기 속에서도 살아남을 수 있었던 비법은 바로 '끊임없는 변화를 통해 위기에 대응하고 자기혁신을 추구한다.'는 문장으로 집약된다.

시장점유율 1위 기업이라면, 통상 보수적이고 비대하고 느리다는 통념이 있을지도 모른다. 천만의 말씀이다. 마치 덩치 큰 비행기나 고속철이 유선형 몸체를 뽐내며 공기 저항을 가르고 더 빠르게 달리는 것과 마찬가지로 '빠름의 미학 - 스피드한 의사결정력' 이 이들에게는 존재한다.

이 프로그램에 소개됐던 부동의 세계 1위 스포츠용품 업체인 나이키는 지난 1994~1998년까지 5년 연속 세 배 이상의 경이적 성장률을 기록해오다 성장률 둔화의 기미가 보이기 시작하자 즉각 경영혁신에 돌입했다. 이때 나이키가 새로운 경쟁상대로 소니, 닌텐도, 애플 등을 규정했다는 점은 매우 인상적이다. 월드컵, 올림픽, PGA 등 세계 유수의 스포츠 행사가 날로 증가는 현실에서 상식적으로 리복, 푸마, 아디다스 등이 '당연하면서도 영원한' 나이키의 경쟁상대가 아니겠는가? 그런데 왜 나이키는 뜬금없이 이들을 예의 주시하기 시작했던 걸까?

의외로 답은 명쾌하다. 나이키의 주 고객 타깃은 바로 청소년들이다. 만약 이들이 닌텐도 게임에 몰두하면 집밖으로 돌아다니거나, 운동을 즐기러 나가는 시간이 줄어들게 된다. 운동화를 신을 시간이 줄어들면 결국 그만큼 매출에 지장을 받을 수밖에 없다. 즉, 스포츠업체와 게임업체 중 누가 한 고객의 시간을 더 많이 차지하는가를 놓고 경쟁하고 있는 것이다.

이것이 시사하는 바는 무엇일까? 그간 주로 같은 업종 안에서 치열하게 펼쳐졌던 시장점유율 경쟁이, 업종 간의 장벽이 붕괴되고 있는 시장 환경에서는 고객의 시간점유율 경쟁으로 바뀌기 시작한다는 점을 주목해야 한다.

4차원의 세계가 아닌 이상 고객의 시간은 항상 유한하다. 그런데 시장에 상품은 넘쳐나고 있다. 한 고객이 보유한 24시간,

365일의 한정된 시간 속에 당신의 브랜드는 과연 어느 정도 시간을 점유하고 있는가? 무한경쟁의 본질은, 나이키가 그랬던 것처럼, 기업은 이제 고객의 라이프스타일 속에서 얼마나 많은 시간을 차지할 수 있는가로 삼아야 한다.

시간은 정말로 돈이다!

그들이 표적 고객의 시간을 더 많이 점유하고 있기 때문에 이전 같으면 빨리 순환되어야 할 신발의 라이프사이클이 길어지다 보니 시장점유율 경쟁에서 1위를 차지했는데도 매출이 감소하였다. 나이키는 애플사의 아이팟(iPod)을 만든 스티브 잡스(Steve Jobs)를 만나서 원인을 밝히고 도움을 요청했다. 매킨토시 컴퓨터를 만들고 아이팟을 만든 천재 스티브 잡스는 나이키가 닌텐도와 경쟁하기 위해서는 싸움의 방식을 바꿀 것을 제안했다. 바로 신발에 자신이 만든 '아이팟을 내장' 하는 것이다. 신발 안의 MP3로 음악을 들으면서 더 오랫동안 신발을 신고 다닐 것이란 설명이다. 나이키는 조언을 따라 신발에 아이팟을 내장한 신상품을 출시하고 새로운 싸움의 방식으로 무장하게 되었다. 앞으로는 어떨지 모르겠지만 현재로는 신발 가격이 너무 비싸서 구매한 사람이 별로 없다.

만약 당신이 스포츠용품 회사에 입사를 희망하는 사람이라면 나이키 스토리가 많은 도움을 줄 것이다.

　스포츠용품 산업을 지원한 사람을 다음과 같은 유형으로 분류해본다.

● 가치 없는 서류를 작성한 사람 : 나이키와 닌텐도에 대한 이야기는 거론하지 않고, 자기 자랑이나 성적만을 앞세운 채 채용되면 열심히 하겠다고 자기소개서를 쓴 사람

● 차별화한 사람 : 자기소개서에 나이키의 경쟁사는 아디다스가 아니라 닌텐도란 말을 쓰고, 품질을 차별화하여 경쟁력을 갖춰야 성공할 수 있다고 쓴 사람

● 차등화한 사람

지원 동기 및 포부

'나이키와 아디다스를 공략할 전략 제안'

　스포츠용품 산업에 지각 변동이 일어났습니다. 나이키의 경쟁자가 아디다스가 아닌 게임 산업의 닌텐도가 되었기 때문입니다. 나이키는 스티브 잡스의 조언으로 나이키 신발에 아이팟을 내장해서 새로운 싸움의 방식을 연구했습니다. 나이키에 신상품이 출시되었지만 가격이 너무 비싸서 구매하는 사람은 많지 않습니다.

제가 귀사의 기획부를 지원한 동기는 다음과 같습니다.

1. 새로운 싸움의 방식을 제안

시장점유율 경쟁에서 고객의 시간점유율로 싸움의 방식을 전환해야 된다면 비싼 MP3 플레이어를 내장하기 보다는 '만 보기'만 내장해도 충분할 것으로 사료됩니다.

2. 만보기의 기능

운동량을 체크할 수 있는 칼로리 표기와 몇 보를 걸었는가를 확인할 수 있는 만보기 기능과, 시간을 정해서 걸을 수 있는 타이밍 기능만을 내장할 수 있다면 저렴한 비용에 고객은 목적 구매를 할 수 있을 것입니다. 타깃 고객층도 젊은 층을 비롯해서 다이어트가 필요한 모든 고객층으로 확대될 것으로 사료됩니다.

3. 시장을 선도하는 신제품 개발

입사 후 시장 경쟁을 더 깊이 조사 분석하여 고객의 니즈가 아닌 원츠에 맞춘 상품을 개발할 수 있는 혁신적인 기획자가 되도록 노력하겠습니다.

스포츠용품 시장의 경쟁 환경에 대해서 읽어보고 상황을 판단한 사람은 차별화는 할 수 있을 것이다. 앞에서 설명한 것과 같이 차별화만 해서는 잠시 보류하거나 머뭇거리게 된다. 기업은 자신이 필요로 하고 아쉬워하는 무엇인가를 주는 사람에게 승리의 손을 들어줄 것이다.

아울러 이러한 책을 읽더라도 자신이 지원하는 회사와 비교하고 문제가 무엇인가를 생각하면서 읽으면 더 좋은 생각과 기발한 아이디어를 찾아낼 수 있을 것이다.

P&G의 새로운 적

P&G사는 생필화학품을 생산하는 기업으로 생리대와 화장지를 주력 상품으로 취급하는 회사이다. 짐 콜린스의 저서 『좋은 회사에서 위대한 기업으로(Good to Great)』에서는 1999년 P&G를 세계 17개 위대한 기업으로 선정한 바 있다. 『Value Migration - 2000』에서 발표한 자료에 의하면 1999년 P&G는 가파른 성장을 했지만 2000년 올라갔던 성장세보다 더 많이 추락하는 회사가 되었다. 고속 성장을 하던 P&G가 개발을 등한시하거나 직원들의 복리후생에 투자를 하지 않아서 매출이 하락한 것일까?

생필화학품을 만드는 신생기업이 나타나서 매출이 급감한 것이 아니다. 완전히 다른 산업에서 새로운 경쟁자가 나타나서 매출이 하락했다.

새로운 경쟁자는 바로 비데산업이다.

비데산업은 P&G나 스콧페이퍼, 유한킴벌리가 만들어내는 제품과는 완전히 다른 산업군에 속한다. 청결과 편리함을 주는 비데산업은 예상하건대 앞으로 더 크게 성장할 것이다. 그렇다면 P&G나 스콧페이퍼, 유한킴벌리 등은 계속 타격을 받게 될 것이다. 생필화학품을 개발하는 회사들은 연구개발에 더 많은 자금을 투자하더라도 예전과 같은 성장곡선을 기대하기 어렵기 때문에 사업의 다각화를 모색할 필요가 있다. 다각화를 모색한다는 말은 신제품을 만들어서 신시장으로 들어가는 것을 말한다. 빨리 기존의 경쟁방식 이외에 다른 부가가치 상품으로 전환하지 않으면 안 될 것이다.

자신의 잘못이나, 게으름 때문이 아니다. 위대한 기업으로 선정된 회사라도, 다른 산업에서 새로운 적이 출현함으로써 경영에 타격을 입는 경우가 앞으로는 더 많아질 것이다. 이러한 생필화학품 회사에 입사를 희망하는 사람은 새로운 적을 명시하고 새로운 싸움의 방식을 제안하면 차등화하는 사람으로 채용될 수 있다.

'다각화 전략으로 판로 개척'

귀사의 해외 사업부에 지원한 동기는 주력 상품인 생리대와 화장지가 국내 시장점유율 경쟁에서 1위를 점하고 있지만 매출이 급감하고 있다는 사실을 감지하였기 때문입니다. 이는 새로운 산업에서 적이 출현하였기 때문이며, 새로운 적은 '비데산업'으로 사료됩니다.

시대의 대세로 비데산업은 향후 계속적인 시장 확대를 예측할 수 있으며 이는 귀사의 제품에 직접적인 영향을 미칠 것으로 사료됩니다. 따라서 부가가치 있는 제품을 생산하여야 하며, 새로운 해외 시장의 판로를 동시에 모색해야 하는 전략을 수립해야 할 것입니다.

1. 브릭스 중심, 해외시장을 개척하자

적합한 해외 시장은 우선 브릭스 중심의 시장을 개척해야 한다고 생각되며, 진입의 안전 단계에 이르면 제3국을 개척하는 것이 바람직할 것으로 사료됩니다.

2. 시장을 직접 체험하여, 바로 투입이 가능한 인재

대학 시절 글로벌 환경을 예측해서 이미 배낭여행을 통하여 이들 나라에 대해 체험해본 경험이 있으며, 충분한 수요가 있는 시장이라 전략적으로 접근하면 큰 성과를 낼 것이라 확신합니다.

3. 브릭스 진출 전략

해외 시장을 개척하는 데는 기술 이전을 통하여 지분을 확보하는 방법과 이미 본토에 시장을 점유하고 있는 A사를 인수합병하여 대주주가 되어 그들의 시스템을 활용하는 방법, 그리고 합작법인을 만들어 진입하는 방법이 있겠습니다.

향후 저는 시장의 판세를 읽고, 경쟁 환경을 분석하여 신상품 개발에 많은 정보를 제공하고, 새로운 시장을 개척하는 선봉장이 되고자 지원하였습니다.

질레트의 새로운 적

질레트(Gillette)는 세계적으로 가장 얇고 강한 면도기를 만들어 좋은 성과를 내고 있는 면도기 산업의 대표 브랜드다. 이런 질레트도 『Value Migration-2000』에서는 -50%의 매출 하락을 알리고 있다.

그렇다고 질레트가 제품을 개발하는 부분이나 마케팅 또는 유통에 소홀하지는 않았다. 최선을 다해 경쟁력을 갖추고 매진하지만 새로운 적에 의해 매출이 급감하고 있다. 질레트의 경쟁사는 브라운 면도기나 파나소닉사, 전기 면도기, 일회용 면도기가 아니다. 과연 질레트와 면도기 산업의 새로운 적은 누구일까?

제약 회사이다.

왜 제약 회사가 완전히 다른 제품을 생산하고 있는 면도기 회사의 매출에 영향을 미치겠는가? 제약회사의 상품인 제모제 때문이다. 제모제를 바르면 털이 자라지 않는다. 날씨가 더운 유럽이나 장기간 출장을 다니는 사람들도 제모제를 필수품으로 소지하고 다닌다. 제모제는 면도기 산업뿐만 아니라 화장품 회사에까지 영향을 미칠 것이다. 제모제의 성분에 곱게 선탠할 수 있는 기능을 첨가한 제품뿐 아니라 선크림 역할을 할 수 있는 제품도 만들어 낼 수 있다. 그리하여 제약 회사의 신제품들은 면도기 산업과 화장품 산업에 막대한 영향을 미치는 새로운 적으로 부상하고 있다.

지금까지의 면도기 회사들은 얇고 강한 날을 만들거나, 면도기 외형의 디자인을 새롭게 만들기 위해서 막대한 비용을 지불하였지만 엉뚱하게도 제약 회사에서 제모제가 생산되면서 직접적인 영향을 받게 된 것이다. 미래는 환경문제로 온난화 현상이 심해질수록 사람들은 면도기보다 제모제를 더욱 선호하게 될지도 모른다. 제모제의 역할은 날이 갈수록 커질 것으로 예상됨으로 면도기 회사에서도 새로운 싸움의 방식을 연구해야 한다.

MP3 플레이어의 새로운 적

오디오 전자제품 산업의 대명사는 일본의 소니사다. 소니사는 워크맨(Walkman)을 만들고 2주일에 새로운 모델 하나씩을 만들어 내면서 스스로 진입 장벽을 높여갔었다. 그러나 MP3 플레이어가 나오면서 시장에는 수많은 경쟁사가 만들어지기 시작했다. 애플, 삼성 블루텍, 레인콤, 거원 등이 그 대표적인 회사들이다. 이중에서 레인콤의 양덕준 사장은 소니사의 강력한 경쟁사로 부상했었다. 국내 시장 58%의 시장점유율과 해외 시장 27%까지 점유한 MP3 플레이어 산업의 명실공이 한국을 대표하는 벤처회사로 각광을 받았다. 소니사는 2005년 5월 자사의 기술 기반을 바탕으로 514MB 모델을 40% 정도 인하한 가격으로 시중에 출시하자 레인콤을 비롯한 모든 MP3 플레이어 제조 회사들이 타격을 받고 현재까지 헤어나지 못하고 있다. 이런 상황에서 MP3 플레이어 시장의 새로운 적은 과연 누구겠는가?

모바일 통신 회사다.

유비쿼터스(ubiquitous) 시대를 겨냥해서 모바일 통신 회사들은 다양한 콘텐츠를 개발해서 핸드폰에 접목하느라 혈안이 되어 있다. 핸드폰의 기능 중에 MP3 플레이어 기능을 갖춰서 100곡이나 다운을 받을 수 있게 만든 것도 있다. 핸드폰으로 듣는 MP3 플레이어의 성능은 소니사나 삼성 블루텍이 만든 MP3 플레이어의 성능과 비교했을 때 음악 마니아가 아닌 이상 구분하기도 어려울 정도로 성능이 우수하다. 사람들은 25만 원 이상하는 MP3 플레이어를 별도로 구입하지 않고 핸드폰에서 다운받은 음악을 듣고 다닌다.

그런데 삼성 블루텍의 경우 미리 이런 시장을 예측해서 소리를 소리로 바꾸는 대체품을 개발했는데 바로 홈시어터(home theater)이다. 이제 삼성 블루텍은 홈시어터 시장에서 1위를 차지하는 기업으로 거듭나게 되었다.

여러분이 지원하는 회사들도 어쩌면 지금의 기반 기술을 바탕으로 새로운 대체품을 연구해야 할지도 모른다. 지금까지 예비 신입사원들이 생각했던 경쟁사 말고 다른 새로운 적이 출현할 수 있다고 생각해야 한다. 새로운 적이 예상된다면 하루빨리 현재 사업의 연장선에 들어갈 수 있는 대체품을 연구해야 한다. 지원사의 상품을 분석하고 현재나 미래에 영향을 미칠 상품들을 분석해 보고 새로운 적을 찾아서 싸움의 방식을 제안하는 사람은 차등화된 자기소개서를 쓸 수 있을 것이다.

'MP3 플레이어의 적은 모바일 통신이다'

저는 삼성전자 블루텍의 오피니언 리더로서 모델○○에서부터 ○○에 이르기까지 5개의 블루텍 MP3 플레이어를 소유하고 있습니다.

MP3 플레이어 시장에는 애플이나 국내 기업 레인콤 등 다양한 경쟁자가 존재하지만 제가 생각하는 귀사의 경쟁자는 'MP3 플레이어가 아닌 모바일 통신 회사'로 사료됩니다. 그러므로 MP3 플레이어를 개발하는 블루텍은 고객 중심의 제품을 개발하는 것이 무엇보다도 중요할 것이며, 또한 고객의 니즈에 부합하는 다양한 콘텐츠를 MP3 플레이어에 내장하는 것이 중요한 전략 중에 하나라고 감히 말씀드릴 수 있겠습니다.

콘텐츠 개발과 업무수행이 가능한 인재

저는 컴퓨터 공학을 공부하면서 MP3 플레이어에 결합할 수 있는 다양한 콘텐츠를 개발하는 공부를 하였으며, K사의 인턴 과정을 통해서 콘텐츠 개발 과정과 업무 수행의 프로세스와 팀워크의 중요성에 대하여 경험한 바 있습니다. 귀사의 MP3 플레이어에 결합할 수 있는 재미있고, 돈이 되는 다양한 콘텐츠를 개발하는데 능력을 바치고 싶습니다.

복사기 산업의 새로운 적

『Value Migration-2000』에서는 제록스(Xerox)의 매출이 75%나 감소했다고 한다. 잘 나가던 제록스가 왜 이렇게 매출이 떨어질까? 경쟁사인 캐논이나 신도리코가 급부상해서일까? 경쟁사의 급부상보다는 새로운 산업에서 경쟁자가 생겨났기 때문이다.

새로운 경쟁상대는 인터넷이다.

예전에는 책을 사고 복사해서 팩스로 보내는 일이 많았다. 요즘은 그런 과정을 거치지 않고 컴퓨터로 작업한 것을 메일로 바로 전송하여 간단하게 일을 마무리한다. 학생들도 책을 사지 않고 강의 요약본을 올려놓으면 그것을 다운받아서 사용한다. 이제 컴퓨터 프린터기는 회사의 서버 역할을 하는 기기로 변화하고 있다. 복합기가 생겨나면서 전화기, 팩스기, 스캐너, 복사기 기능을 한꺼번에 하고 있다.

대용량 복사기가 굳이 필요가 없어진 것이다. 이는 비단 복사기 회사에 국한된 것이 아니다. 인터넷이 보급되면서 회사에서 사용하는 종이의 양은 엄청나게 줄었다. 종이 사용량이 줄다 보니 제지 회사도 매출에 타격을 받는다. 컴퓨터와 인터넷으로 인해 신종 사업이 생겨나고, 기존의 오프라인에서 성행하던 사업들 중 많은 회사들이 보이지 않는 경쟁에 밀려 사라져갔다. 수

많은 자동차 세일즈맨들도, 보험회사 직원들도 모두 인터넷 때문에 다른 직업을 선택했을 것이다.

코닥의 새로운 적

세계 5대 장수 상품 중 하나가 코닥(Kodak) 제품이었다.

1917년 탄생한 경제잡지 『포브스(Forbes)』가 창간 70주년을 맞아 세계 최강인 미국 경제의 위대한 리더 기업들이 나중에 어떻게 변했는지 조사했다. 연구 결과 1917년에 최고였던 100개 기업 중에 70년 후인 1987년에 살아남은 기업은 39개밖에 안 되었다. 그중에 18개만이 100대 기업의 자리를 지켰다. 그 중 70년 동안 시장에서 선두를 지킨 기업은 두 기업(2%) GE와 코닥뿐이었다.

그러나 20년이 지난 지금에 와서는 코닥도 예외가 될 수 없었다. 그들은 후지필름을 경쟁사로 생각하고 모든 경쟁력을 집중시켰다. 그러나 1996년부터 매출이 급감하기 시작했다. 그렇다고 코닥이 상품 개발에 투자를 소홀히 한 것은 아니었다. 매출이 감소하기는 후지필름도 마찬가지였다. 과연 코닥의 경쟁사는 어디일까?

디지털 카메라다.

디지털 카메라가 시중에 출시된 것이 1996년이다. 코닥은 사진은 필름으로 찍어야 된다고 믿고 있었다. 필름 없이도 사진을 찍을 수 있는 디지털 카메라 즉, 기술의 진보를 믿지 않았다. 그러나 디지털 카메라가 출시되면서 코닥은 60% 정도 매출 감소가 나타났다. 필름 없이 사진을 찍을 수 있는 디지털 카메라가 개발되어 시장판세가 역전되고 말았다. 출시된 지 10년밖에 안 된 디지털 카메라도 이제 판매에 타격을 받고 있다. 대표적인 융복합 기능 상품, 휴대폰 때문이다. 카메라가 내장되지 않은 휴대폰은 팔리지도 않지만 내장된 카메라도 화질에 손색이 없기 때문에 휴대폰 하나로 모든 것을 해결하려는 층이 두텁게 형성되었기 때문이다.

교재 산업의 새로운 적

D사는 한국 내 국정교과서로 60년의 전통을 지니고 있다. 그런데 최근 들어 매출이 급감하고 있었다. 필자가 D사의 임원 교육 시 경쟁사가 어디냐고 물었다. 모두 C 학습지라 했다. 그러나 C 학습지는 D사를 경쟁상대로 생각해본 적이 없다고 한다. C 학습지는 D사보다 매출도 대략 20배나 앞서가고 있기 때문이다. 하지만 D사나 C사의 고민은 같았다. 시장점유율 경쟁에 앞서가는데도 매출은 떨어지고 있기 때문이다.

그렇다면 교과서나 학습지 산업에서의 새로운 적은 누구일까?

인터넷 교육 시장이다.

대학생들도 책을 사지 않지만 초등학교에는 전자 칠판을 사용해서 수업을 진행하는 곳이 늘어나고 있다. 인쇄와 출판 사업은 인터넷의 출현으로 상당히 많은 시장을 잃어가고 있으며, 앞으로도 좋아질 기미가 보이지 않고 있다. 어쩌면 인쇄, 출판 산업에서는 사업의 다각화 전략이 필요할지도 모르겠다.

M스터디란 회사가 있다. 온라인상에서 동영상 강의를 하는 회사다. 짧은 기간에 회사의 규모는 수십 배나 커졌다. 시장 추세는 오프라인과 온라인이 동시에 성장하고 있었으나, 대세는 온라인이었다. 보다 편하게 수업을 듣고 공부하는 층이 늘어나기 때문이다. 오프라인에서는 시간을 놓치거나 일이 있으면 수업을 들을 수 없지만, 온라인에서는 필요할 때 접속해서 학습할 수 있다는 이점이 있고, 비용이 더 저렴하기 때문에 많은 사람들이 선호한다.

만약 D사가 60년 전통을 기반으로 온라인 콘텐츠를 개발하여 운영했다면 사람들은 국정교과서의 지명도를 인정해서 믿음과 신뢰를 덤으로 줄 것이다. 그러나 그럴 시기는 이미 놓친 것인지도 모르겠다.

어제의 적이 오늘의 적이 아니다. 그렇듯이 어제의 탄탄한 대기업이 오늘의 건승하는 기업이 아닐 경우도 생긴다. 예를 들어, 많은 학생들은 안정적인 직장이라 생각하기 때문에 은행에 취업하기를 희망한다.

그러나 요즘은 은행도 경쟁자가 생겨나서 곤욕을 치르고 있다. 시장의 돈은 돈이 눈덩이처럼 커지는 곳으로 이동하게 되어 있다. 은행에 예금해 두면 이자가 적게 붙기 때문에 이자가 많이 붙는 곳으로 돈이 이동하고 있다. 은행에 예금을 넣어두고 이자를 받아 살던 것은 옛날이야기다.

M증권은 가장 짧은 시간에 큰 기업이 된 증권사다. 뮤추얼펀드를 제일 먼저 기획해서 시장에 내놓았더니 돈이 몰려들었다. 증권사가 은행의 큰 경쟁사가 되었다. 보험 회사도 다양한 상품력으로 고객의 돈을 예치하면서 경생사가 되었다. 상품이 있다 해도 팔릴 수 있는 상품이 있어야 돈이 몰려온다. 은행은 아직도 예대 금리를 챙기는 것에서 벗어나지 못했다.

은행에 입사하고 싶은 사람들은 고객을 유치할 수 있는 상품을 제안하면 차등화 전략으로 쓸 수 있다. 수협, 농협에도 개선할 점이 많다. 요즘 같은 시대에 수협이란 이름은 스스로 시장의 범위와 한계를 만든다. 수협은 특별한 상품을 개발하기보다는 제1금융권에서 만든 상품을 벤치마킹하고 조금 리모델링해서 상품을 내놓고 있을 뿐이다. 농협도 같은 맥락에 있는 금융 회사다. 우선 급한 것은 이름을 고객이 더 잘 인지할 수 있도록 세련되게 바꾸는 것이다. 그리고 경쟁력 있는 상품을 개발하여 고객이 스스로 몰려들 수 있게 전략을 바꿔야 한다.

내부에 있는 사람들은 받을 만큼 받고 있다 보니 문제라고 인식하지 못하고 있는 것 같다. 지원하는 예비 신입사원들이 기발한 아이디어를 개발해서 제공하면 좋을 것이다. 두 회사는 이름도 바꾸고, 상품도 개발해야 향후 비전이 있다. 현재 상태로는 힘들다. 문제가 있고 힘든 것은 예비 신입사원에게는 기회가 된다. 회사의 새로운 네이밍을 만들고, 돈을 몰려들 수 있는 상품을 개발해서 제안하면 취업에 성공할 수 있다.

새로운 적은 항상 생긴다. 그렇다고 마냥 손 놓고 있을 수 없다. 기회를 먼저 점유하면 된다. 학점을 잘 받으려고 공부하지 마라. 토익 점수에 목숨 걸지 말고, 문제의 해결전략을 키우는 안목을 넓혀라. 지원하는 회사의 문제를 발견해서 대안을 제시하거나, 새로운 적을 찾아서 싸움 방식을 연구하는 데 많은 시간을 투자하기 바란다. 그러면 성적이나 토익 점수가 높은 사람보다 더 좋은 평가를 받을 것이다. 물론 기본적으로 지원 회사가 요구하는 수준의 학점과 토익 점수를 갖추어야 할 것이다.

지금 기업들은 '변화와 혁신'이 가장 큰 이슈다. 그러나 어떻게 변화해야 하는지, 무엇을 혁신시켜야 하는지 모르고 있다. 알아도 두려워서 쉽게 고치려 하지 않는지도 모르겠다.

예비 신입사원 여러분이 지원사의 경쟁력을 높일 수 있는 기회선점 요인을 찾아서 자기소개서에 담는다면 차등화된 사람으

로 인정받을 것이며, 기업은 제안한 아이디어를 바탕으로 경쟁
산업에서 우위를 점하고 수익을 창출할 수 있을 것이다.

기회선점 경쟁요소를 담아라

기회선점이란 무엇일까?

기존 상품이나 콘셉트에서 완전히 벗어나 혁신적 상품의 가치를 제공해서 시장을 선점한다는 뜻이다. 기회선점 경쟁요인을 찾고 상품화하려면 산업 전체와 상품 전체를 비교 분석해서 남들이 미처 생각하지 못하고, 만들지 못했던 가치를 만들어내야 한다.

제품의 특성은 같거나 유사하게 변하고 있다. 일반적으로 선두를 달리는 기업의 상품을 모든 부문에서 이기려면 엄청난 비용이 들어간다. 그러므로 모두 다 잘하려는 욕심을 버리고, 기업의 능력 자산 중에 가장 잘할 수 있는 것에 집중하는 것이 필요하다. 하나만 잘해도 성공할 수 있다. 특화 부분에서 성공하면 그것을 토대로 연관성과 적합도가 높은 산업으로 확장하여 성공하기 쉽다. 같거나 유사한 상품이 즐비한 시장에서 특별한 차별화를 하기는 쉽지 않겠지만 집중하고 몰입하면 반드시 좋은 전략을 만들어낼 수 있을 것이다.

기회선점 경쟁요인을 찾는 것은 결코 많은 돈을 투자하는 전략이 아니다. 지금까지 전통적인 방식으로 해오던 것을 미래지향적인 콘셉트로 바꾸거나, 스스로 동기부여가 되도록 함으로써 잠재력과 에너지를 끌어내어 성과로 이어지게 하는 것이다. 고객의 편의를 제공려면 이미 선두를 달리는 것을 벤치마킹하여 사용 전, 사용 중, 사용 후를 관찰하고, 아이디어 중심의 기회선점 경쟁요인을 찾아서 상품화하는 것이다. 이 전략은 돈을 들이는 것이 아니라 기발한 아이디어가 중심이다.

기회를 선점하는 것은 차별화를 넘어 차등화하는 전략이기도 하다. 예비 신입사원들이 이러한 기회선점 경영에 대해서 귀 기울여야 하는 이유는 문제의 전략적 대안을 알아 남과 다른 차등화를 할 수 있기 때문이다.

몇 가지의 사례를 중심으로 기회선점 경쟁요소를 찾아서 상품화하는 내용을 설명하고자 한다.

90 : 110 = 107의 법칙

얼핏 보기에는 무슨 숫자의 조합인지 이해하기 어려울 것이다. 이것은 아파트 산업의 기회선점 경쟁요소이다.

지금까지 아파트 분양 시장을 분석해 보면 대부분 건설 회사는 풀옵션(full option)으로 분양하는 방식을 채택하고 있다. 따라서 많은 소비자들이 아파트를 분양받은 후 이부자리와 그릇만 가지고 입주해도 생활이 가능하다. 집안 모든 시설물이 시공사에서 선정한 제품들로 완성된 상태이기 때문이다.

입주 후 소비자들의 자금력이나 취향에 맞춰서 다시 공사를 하는 가구가 늘어나고 있는 점을 감안하여 아파트 건설 산업의 기회선점 경쟁요소를 찾아보았다.

풀옵션이란, 아파트 시공사가 소비자의 편의성을 도모하기 위해 바닥재, 세면대, 붙박이장, 싱크대, 실내등, 벽지, 출입문 등을 일괄적으로 선정하여 설치하는 방식이다.

풀옵션 방식에서 옵션 방식으로 전환하라

지금까지 건설 회사들이 선택한 풀옵션 분양 방식은 소비자 입장에서 본다면 필요한 사항이 모두 갖춰져 있어 편리한 점도 있다. 그러나 자세히 살펴보면 소비자의 입장보다는 건설 회사의 경영 방식에 소비자가 아무 생각 없이 따라가게 했다고 보는 것이 옳다. 풀옵션 방식을 선택하다 보니 아파트 가격은 높을 수밖에 없다. 높은 가격의 분양가를 낮추는 기회선점 요소로 옵션 방식을 고려할 수 있을 것이다.

옵션(option) 방식이란 무엇인가? 풀옵션 방식에서 풀(full)을 빼는 방식이다.

다시 말하면 내부의 시설물들 즉, 바닥재, 세면대, 실내등, 싱크대, 벽지, 출입문은 소비자가 자신의 자금 규모와 취향에 맞춰서 직접 선택하는 것이다. 물론 시공에 불편함이 있고, 집집마다 스펙이 모두 다르다 보면 공사 기간이 길어질 수 있다는 단점도 있다. 그러나 소비자도 만족도가 높고, 건설 회사도 수익이 증가한다면 풀옵션 방식만을 고집할 필요는 없다고 생각한다. 필자들이 직접 조사한 결과에 따르면 기업의 성과면에서 7.43% 높게 나타났고, 고객 만족도도 높았다.

풀옵션 방식으로 100% 대금을 주고 아파트를 입주하더라도, 입주자의 마음에 들지 않으면 분양 금액의 30% 정도를 더 투입하여 내부를 교체한다. 그래서 입주에 총 130%의 비용이 소요된다.

옵션 방식의 아파트는 시설물을 설치하지 않은 상태이기 때문에 풀옵션보다 낮은 70%의 분양가로 아파트를 입주할 수 있다. 내부 인테리어는 건설사에서 다양한 가격의 상품을 제시할 수 있는데, 자금력이 부족한 사람들은 20%만을 투자해서 총 90%의 가격에 아파트를 입주할 수 있고, 자금력이 좋은 소비자 40%를 투자해서 110%에 더 좋은 실내 공간을 만들어 사용한다.

옵션 방식으로 풀옵션 방식보다 더 저렴한 비용으로 고객은 만족하고, 기업의 수익은 전체적으로 7.43% 증가한다는 결과를 얻었다.

결론적으로 아파트 산업의 기회선점 경쟁요소는 90 : 110 = 107 의 법칙이다.

지식을 지혜롭게 활용하여 상품화한다는 것은 쉽지 않은 문제 이다. 그러나 오랫동안 자신의 목표를 정해서 지원할 회사를 분석하고 연구한다면 기회선점 경쟁요인을 찾아서 상품화할 수 있는 아이디어를 서류에 담아낼 수 있을 것이다.

건설 산업의 기회선점 경쟁요인으로 차등화한 자기소개서

지원 동기

'고객도 만족하고 기업도 돈을 벌 수 있는 기회선점 요인 제공'

부동산 규제가 강화되고, 건축 원가를 공개하라는 언성이 높아지는 이때 기존의 경쟁 방식으로는 한계가 있을 것으로 사료됩니다. 따라서 귀사의 시장 경쟁에 대한 새로운 싸움 방식을 제공하고자 합니다.

기회를 선점할 수 있는 또 다른 방식의 사례다.

요즘은 이름값 하는 시대다. 좋은 이름을 지어주면 스스로 동기부여가 돼서 더 열심히 일하고 좋은 성과를 낼 수 있다. 하지만 오히려 이름이 열정적인 에너지를 막고 있는 경우도 있다.
이름을 바꿔주기만 해도 기업의 성과는 달라질 수 있다. 사례와
같이 지원사의 직원의 역량과 잠재력을 막는 이름을 쓰는 곳을
찾아서, 폭발적으로 열정을 쏟아낼 수 있도록 새롭게 개발하여
자기소개서에 제안하기를 바란다.

이름값 하는 시대

글로벌 환경으로 변하면서 모든 기업들은 전세계적인 판매
경쟁 시대에 돌입했다. 한국의 기업들이 이런 판매 경쟁 시대를
얼마나 준비했는지는 모르겠다. 그런데 한 가지 판매 경쟁자들
의 기를 꺾고 그들의 발목을 잡고 있는 것이 있다.

바로, '영업부' 라는 이름이다. '영업부' 라는 이름은 거부감이
아직 남아 있다. 영업은 상품을 들고 다니며, 사달라고 하는 사
람의 이미지가 떠올라 그럴지도 모르겠다. 판매를 하고 있는 사
람들에게 스스로 동기부여가 될 수 있도록 영업부란 이름을 역
량과 잠재력을 자발적으로 발휘할 수 있는 이름으로 바꿔주기
를 권한다.

'영업부' 란 이름을 '전략실행부' 로 바꿔라.

기업의 생존은 상품 판매에 달려있다. 아무리 가치 있는 상품이라도 제대로 판매되지 않으면 그 기업은 문을 닫아야 한다. 더군다나 지금은 전 세계적인 판매 경쟁 시대이다.

그렇다면 급박한 판매 경쟁 시대에, 판매를 담당하고 있는 사람이 조직 내에서 가장 우수한 인재들인가?

경제인 아침 조찬회 특강을 하면서 회장님들께 여쭤봤다. "조직에서 가장 우수한 인재들을 기획실에 배치하지는 않았습니까?"

이 질문에 99%의 회장단이 동의했다.

"조직에서 업무 수행 능력에 부족함이 있는 사람들을 영업부에다 배치하지는 않았습니까?" 이 질문에도 99%가 동의하셨다.

필자는 장내가 떠나가도록 소리쳤다.

"그들의 역할을 바꾸십시오. 그렇지 않으면 회사의 미래는 보장받을 수 없습니다. 어떻게 생각하십니까?" 옳다고 인정하신 회장님들이 100%였다.

"그들이 성과를 더 내고 신바람이 나서 일할 수 있는 여건을 만들어줘야 합니다." 연회장은 갑자기 조용해졌다. 왜냐하면 열심히 지원하고 있는데도 영업부는 성과를 내지 못하고 있고, 늘 경쟁사나 가격, 디자인을 운운하면서 변명하기에 급급했기 때문이다.

"그들이 성과를 내고 신바람이 나서 스스로 목표를 향해 나갈 수 있도록 영업부란 이름을 바꿔주십시오. 그것도 오늘 당장 말입니다."

영업부에서 근무하는 직원이 다 그런 것은 아니지만 대부분 즉, 89%의 사람들이 더 좋은 이름이 있다면 바꿨으면 좋겠다고 했다. 예비 신입사원인 대학 4년생들에게 두 부서를 놓고 물어 봤더니 '영업부'에서 열심히 일하여 좋은 성과를 내어 출세해보 겠다는 학생은 겨우 8%뿐이었으며, 기획실로 가겠다는 학생은 92%나 되었다. 부서 이미지에 관한 설문에는 '영업부'를 블루 칼라라고 보는 학생은 71%였으며, 많은 학생들이 기획실은 화 이트칼라의 직업이라고 생각하고 있었다.

아직까지도 영업부에 근무하는 사람은 업무 수행 능력이나 학 벌, 학점이 저조하고 다른 업무를 수행할 자질이 떨어져 영업부 에서 물건이나 판다고 생각하기 때문이다. 반면, 기획실에서 근 무하는 사람은 학벌이 좋고, 서류나 문서도 잘 만들고, 머리에 든 것이 많은 인재라고 인식하고 있다는 것이 설문 조사를 통해 밝혀졌다.

"이런 상황이라면 회장님께서는 영업부란 이름을 달고 신바 람 나게 스스로 일할 수 있겠습니까?"

모든 회장님들의 시선이 필자에게 집중됨을 느꼈다. 왜냐하면 그것이 회사의 성과에 직접적인 영향을 미칠 수 있다고 판단하 였을 것이기 때문이다. 영업부란 이름을 기획실과 비슷한 이름 으로 바꿔야 한다. 왜냐하면 사람들은 보다 지적인 일을 하는 사람처럼 보이는 기획실을 좋아하기 때문이다.

그렇다면 어떻게 할까?

영업하는 사람이 없다면 아마도 회장님이 사장과 함께 물건을 판매하러 다녀야 할 것이다. 영업부 직원은 최고 경영자를 대신해서 경영자의 전략을 실행하는 사람들이다. 그래서 영업부란 이름을 '전략실행팀'으로 바꿔야 한다.

"전략실행팀! 기획실과 비슷하지 않습니까?" 박수 소리는 계속 되었다.

이것이 바로 상품화 자산이다. 예비 신입사원들은 지원사의 조직을 검토해보고 영업부란 부서가 있다면 전략실행팀으로 바꿀 것을 제안하라. 이외에 직원들의 에너지를 끌어내는데 저해요인으로 작용하는 이름이 있다면 좋은 이름을 만들어서 제안하기 바란다.

의류 매장에 매출을 올릴 수 있는 기회선점 경쟁요인

의류 회사에서 강의 의뢰가 왔다. 전국에 있는 1,300여 개의 매장에 매출이 떨어져서 매출을 향상할 수 있는 방안에 대해서 강의를 해달라는 것이었다.

필자는 옷을 팔아본 적이 없다. 경험이 없는 사람이 의류 매장의 판매를 활성화할 수 있는 강의를 한다는 것은 무리일수도 있겠으나, 컨설팅 개념을 도입해서 시도하기로 했다. 전국 매장을 다 돌아다닐 수 없었지만 서울과 경기도에 있는 매장 30여 개를 직접 찾아다녔다. 매장 방문 전, 방문 중, 방문 후 고객들의 반응을 관찰하며 기회선점 경쟁요인을 찾으려 많은 것을 검토하기 시작했다. 의뢰사의 매장과 경쟁사의 매장을 고루 다녀본 결과 기회선점 경쟁요인을 찾아낼 수 있었다. 그 내용 덕분에 강의 내내 많은 호응을 받았다. 매장을 방문하면서 기억에 남았던 이야기를 먼저 해본다.

강의를 의뢰해온 A사의 매장에 11시 30분쯤 도착했다. 양복에 대해서 한참을 이야기하고 있는데 사장이 여직원을 불렀다. 매장에는 사장의 아들로 보이는 아이가 로봇 장난감을 가지고 신나게 놀고 있었다. 사장은 여직원에게 그 아이를 집으로 데리고 가서 밥 먹이고, 옷도 갈아입혀서 유치원에 보내라고 지시했다. 여직원은 양해도 구하지 않고 아이를 데리고 매장을 나가버렸다. 매장 밖에서 한 시간쯤 기다려서 돌아오는 여직원을 만났다.

"사모님이세요?"

"아니에요. 매장 종업원입니다."

"그럼 아이는 누구인가요?"

"예, 사장님 아들인데요."

"제가 학교에서 강의를 하는 선생인데 뭘 좀 여쭤보려 합니다. 도움 좀 주시겠습니까?"

명함을 건넸다.

"하루 몇 시간을 근무하시나요?"

"아침 9시 30분에 출근해서 매장 청소를 시작으로 밤 11시 30분까지 일하니까 14시간 근무합니다."

"그럼 한 달 월급도 많겠습니다."

그러자 그 직원은 본인은 130만 원, 동료 언니는 150만 원을 받는다고 했다.

130만 원, 150만 원을 주면서 직원들을 믿고 사업을 한다는 게 위험천만이란 생각이 들었다. 직원들도 스스로 동기부여가 되어야 열정을 다하여 성과를 높일 수 있다. 지금보다는 더 많은 월급을 줄 수 있는 제도적인 장치를 연구해야 한다.

다른 매장에 가봤다. 매장에 들어서자 직원들이 세 명이나 한꺼번에 달려 나왔다. 손님이 없어 반가워서 그랬단다. 한 여직원이 팔짱을 끼면서 매장을 안내했다. 여기서 여기까지는 이월 상품으로 15만 원이고, 여기서부터는 신상품 35만 원에서 70만 원 짜리고, 여기는 170수(실의 가늘기)에 140만 원하는 양복이라면서 필자에게 끼고 있던 팔짱을 풀었다. 140만 원 짜리 양복은 필자에게 엄두를 낼 수 없는 너무 비싼 옷이었다. 갑자기 얼굴이 달아오르더니 땀이 나기 시작했다. 적당하게 핑계를 대고 매장을 빠져나왔다. 아마도 그 집은 다시는 가지 않을 것이다.

다른 경쟁사의 매장을 방문했다. 남자 사장님이 매장을 지키고 있었다. 유명한 브랜드였고, 브랜드 고유 모델이 있어서 필자의 몸에 맞는 것을 하나 골라달라고 부탁했다. 많은 옷들을 뒤적거리더니 한 벌을 골라주었는데, 팔도 끼고, 가슴 쪽도 꽉 끼었다. 거울을 보고 있는데 사장은 뒤에서 "잘 어울립니다."라고 말하며 분위기를 띄웠다. 그냥 나가려 했더니 풍성한 검은 양복을 골라서 입어보라고 권했다. 코트를 왜 주냐고 했더니 가슴 사이즈를 보기 위해서라며 입어만 보시라고 했다.

전체 기장은 무릎 밑으로 내려오고 팔 기장은 손가락을 펴서 겨우 맞았다. 거울 속에 비친 필자의 모습은 너무도 초라해 보였다. 가슴 사이즈가 크다며 이틀 후에 오면 맞는 사이즈로 원하는 모델로 준비해두겠다는데 얼른 매장을 빠져나왔다. 최소한 고객이 매장을 찾으면 첫눈에 고객의 체형과 사이즈 정도는 알고 옷을 권해야 할 것이다.

성남 L 매장을 들러서 찾아온 이유를 사실대로 말했더니 매장 사장님은 여러 가지 본사에 대한 불만 사항과 손님이 없어서 계속 이 장사를 해야 할지 말아야 할지 고민하고 있다는 이야기를 했다. 그리고는 골프장에서 사용하는 우산을 50개 정도를 주셨다. 매장 이름과 전화번호가 적혀 있었지만 품위 있어 보여 얻어왔다. 골프 우산의 사연은 옆 가게 I 매장에서 여름 고객 사은 품으로 5천 원짜리 양산을 만들었기에 자기도 뒤질세라 12,000원 하는 골프 우산을 500개나 주문한 것이란다. 우산업체에서 계속적인 관계를 갖자고 서비스로 100개를 더 만들어 줬다고 한다.

하지만 골프 우산을 받은 사람들은 우산을 사용하면서 다음에 옷을 구입할 때도 L 매장에 가서 사야겠다고 결심하지는 않을 것이다. 그러므로 I 매장에서 한다고 나도 해야 된다는 생각을 버려야 한다.

남이 하니 나도 해야 한다는 생각에서 벗어나야 한다. 그러한 서비스보다도 고객은 자신을 차별화하고, 필요를 느끼는 부분에 지원받는 것을 더 원할 것이다. 왜냐하면 우산을 보고 옷을 또 구매하지는 않기 때문이다.

그렇다면 의류 브랜드 매장의 기회선점 경쟁요인은 무엇일까?

매장 직원들이 더 뜨거운 열정으로 일할 수 있고, 더 많은 보수를 받을 수 있고, 좀 더 전문직으로 상승하는 것이 필요하다는 것으로 기본 콘셉트를 정하고 분석을 시작했다.

<기회선점 경쟁요인 1> 출근하지 말고 영업하라

매장 청소는 사장이 하고, 직원들은 공격 영업을 하게 하라.

A 매장 고객은 목적을 가지고 방문하는 경우가 거의 없었다. 지나가다 그냥 들러서 이것저것 구경하다 그냥 나가버리는 고객이 대부분이었다. 고객으로 하여금 목적 구매를 하게끔 만들려면 직원들이 사전에 영업을 해서 필요한 것을 사러 오게 만들어야 한다. 직원들이 영업을 하려면 액세서리와 판촉물을 챙겨서 고객이 있는 곳으로 가야 한다. 아침에 출근하지 말고 고객이 있는 곳으로 가서 바로 영업을 할 수 있도록 하는 것이 중요

하며, 영업력을 높이기 위해서는 본사에서 직원들에게 코디하는 법을 가르쳐야 한다.

<기회선점 경쟁요인 2>

고객을 불러들여서 판매가 일어나면 인센티브를 지급하라

직원이 공격 영업을 해서 매장에 찾아온 고객이 물건을 구매했을 경우 그 직원에게 인센티브를 지급해야 더 열심히 일할 수 있는 동기가 생긴다. 사장이 있든 없든 스스로 열심히 일할 수 있는 것은 일한 만큼 성과를 받을 수 있을 때이다. 얼마를 팔면 얼마를 더 받는다는 성과급에 대한 계산이 직원의 머릿속에 명쾌하게 정리될 수 있도록 해야 한다.

<기회선점 경쟁요인 3> **고객 관리는 직원이 직접 하라**

대부분 매장에서는 고객 관리를 위해 고객 카드를 작성해 둔다. 요즘은 컴퓨터에 입력시켜서 관리하지만 옷을 판매한 후 고객에게 연락하는 의류 브랜드 매장은 사실 몇 곳이 안 된다.

직원과 상담을 하여 옷을 구입했다면 고객의 정보를 정확하게 알고 직원이 자신이 만든 고객 카드를 직접 관리하게 하기 바란다. 고객을 상대한 직원이 고객의 몸 사이즈와 취향, 직업, 특이한 사항을 기록으로 남겨두면 서로 기억하기가 좋을 것이다.

계절이 바뀔 때 고객 카드에 기록한 내용을 보면서 당시에 판

옷을 입으면서 불편한 사항은 없었는지 물어보며, 신상품이 출시되었으니 매장에 들러달라는 인사를 할 경우에도 직원과 고객은 이미 공유하는 정보가 있기에 대화가 다양해질 수 있다. 만약 이런 일을 고객을 본 적도 없는 사장이 한다면 서로 어색한 대화만 오갈 뿐이다.

직원이 고객을 관리하고 다시 불러 재구매가 일어나면 사장은 더 많은 인센티브를 주어야 할 것이다. 직원이 고객을 관리하면 직원의 중요성이 점점 높아진다. 텅 빈 매장을 지키고, 요구하는 상품만 제공하고, 사장의 아이를 돌보는 매장 직원이 아니라, 고객을 불러 모으고, 재구매를 일으키고, 매장의 성과에 직접적인 영향을 미치는 중요한 역할을 수행함으로써 자신의 가치를 높일 수 있으리라 본다.

<기회선점 경쟁요인 4> 코디네이터라 불러라

매장 직원을 부르는 호칭은 '야, 자, 미스 황, 종업원'이 아니다. 코디네이터라 불러 줘야 한다.

한 의류 매장 직원이 친구들과 만났다.

친구들이 "얘, 너 요즘 뭐하니?"하고 물었다.

"응, 저 앞에 ○○브랜드 의류 매장 종업원이야."

이런 이름으로는 직업에 대한 만족감이나 자신감을 생기게 할 수 없다. 더 중요한 사실은 종업원의 눈에는 고객이 입고 있는 옷의 브랜드와 가격이 보인다는 것이다. 자칫 매장에서 옷을 고르는 사람들이 요청하는 것을 집어주는 역할과 비싼 옷을 팔려는 것만으로 무장될 수 있다. 170수에 140만 원하는 옷을 소비자에게 추천한다고 해서 판매되는 것도 아니고, 판매를 많이 한다고 해서 특별하게 자신에게 보상이 생기는 것도 없기 때문에 어쩌면 시간을 죽이고 있을지도 모른다.

코디네이터는 무엇이 다를까?

첫째, 고객의 체형에 맞는 사이즈의 옷을 고를 수 있다.

고객의 몸에 맞는 사이즈도 몰라서 이것저것 여러 번 바꿔 입히면 고객은 짜증나서 그냥 나가버릴 수 있다. 최소한 코디네이터는 고객의 몸에 맞는 사이즈를 골라서 입힐 줄 안다.

둘째, 고객의 신체 조건에 맞는 컬러를 골라서 권할 수 있다.

고객의 키와 얼굴색, 체형에 따라 코디하는 방법이 다를 것이다. 코디네이터는 전문가다. 일반 사람들은 자신의 가치를 찾아가면서 옷을 입고 다니지는 못하기 때문에 그 문제를 코디네이터가 찾아서 제공해주어야 한다. 170수에 140만 원하는 옷을 권하기보다는 고객의 가치를 창출할 수 있는 옷을 골라서 권하면 고객의 만족도는 높아지고, 겉옷과 속에 받쳐 입을 옷과 넥타이까지 고객의 가치를 창출할 수 있는 토털솔루션을 제공할 수 있을 것이다. 그러면 고객은 가격보다도 고객의 가치를 창출하는 코디네이터를 믿고 계속적으로 거래를 유지할 것이다. 계절이 바뀔 경우에도 코디네이터가 고객에게 직접 신상품을 소개하면서 커뮤니케이션을 한다면 재구매도 일으킬 수 있다.

<기회선점 경쟁요인 5> 돈을 벌 수 있는 구조를 갖추어라

모든 기업이 기존의 방법을 그대로 유지하면서 매일 돈을 더 벌기 원한다. 기업이 돈을 벌려면 돈을 벌 수 있는 구조를 먼저 만들어 놓아야 한다. 돈은 사람이 벌어오고 벌어주는 것이다. 한 달에 얼마를 주겠다고 정해진 급여 테이블 때문에 사람들은 멍텅구리가 되어 가고, 신바람 나게 일도 해보지 못하고, 비난, 비평, 불평만 하고 산다.

성과를 내는 사람, 그렇지 못한 사람이 정해진 급여 테이블에 따라 똑같이 보수를 받아가기 때문에 높은 성과를 내는 사람은 의욕이 없어진다. 그러다 보니 시간만 때우고, 사장의 눈치만 보고, 윗사람이 있을 때만 일하고 그렇지 않으면 태만해지기 쉽다. 현재 기업이나 조직 구조가 그렇게 되어 있으므로 유능한 사람도 집단 속에 들어가면 생각 없이 그냥 사는 사람이 되어버리곤 한다.

돈 벌 수 있는 구조를 갖춰야 한다. 성과에 따른 인센티브를 명확하게 정리해야 한다. 영업 이익 100%에 10%를 주겠다고 명확하게 정하라. 그러면 사장이 있든 없든 상관하지 않고 열심히 최선을 다할 것이다. 노력한 만큼 대가가 있다는 사실이 동기부여가 되고 에너지를 스스로 폭발하게 만든다.

옷을 파는 것보다 고객의 가치를 창출하는 데 집중해야 한다.

직원에게 130만 원을 지급하면서 사업하는 사장이 성공할 수 있을 거라 믿지 않는다. 500만 원, 1,000만 원을 받아갈 줄 아는 전문 코디네이터와 사업해야 한다. 코디네이터가 1,000만 원을 벌었다면 사장도 더 큰 부가가치를 얻을 것이다. 직원들에게 신바람 나게 일할 수 있는 길을 연구해서 열어줘야 한다. 더 많이 받는 직원이 많을수록 수익이 클 것이다.

본사에서는 코디네이터 과정을 개설해서 전문 지식을 교육해야 한다. 종업원이란 이름을 평생 행복하게 생활할 수 있는 코디네이터란 이름으로 바꿔줘야 한다. 종업원은 옆집에서 10만 원 더 주겠다면 일자리를 옮겨 다닐 수 있다. 그러나 코디네이터는 어느 곳에 있더라도 전문가답게 일할 것이다.

의류 브랜드 산업으로 취업을 희망하는 학생들은 위에서 한 이야기를 참고하기 바라며, 더 많은 기회선점 경쟁요인을 찾아보기 바란다. 직접 매장들을 돌아보고 느낀 점을 잘 기록해두고 주변 지인들을 통해서 검증하기 바란다. 이러한 노력으로 찾아낸 아이디어는 자기소개서에 힘을 실어줄 것이며, 면접 때도 자신감을 불어넣고, 당당할 수 있는 힘의 원천이 될 것이다.

영화관 산업의 기회선점 경쟁요인

여기저기 영화관이 문을 닫고 영화관이 들어 있던 쇼핑몰들은 젊은 사람들을 유인해오는 전략에 문제가 발생하고 있지만, 새로운 대안을 제시하지 못하고 있는 실정이다. 한때 쇼핑몰들이 고객을 대량 유인할 수 있는 업종(게임방, 영화관, 찜질방, 푸드코트 등)으로 쇼핑몰 상단을 분양했었다. 그중 찜질방의 경우 차량의 회전율을 고려하지 않았고, 쇼핑몰 밑에 있는 점포들은 방문 고객의 주차 문제를 해결할 수 없게 되어 모두 곤경에 처했었다. 10~15개 영화관이 입점한다는 홍보에 힘입어 많은 사람들이 큰 기대를 하고 쇼핑몰을 분양받았으나 낭패를 본 곳들이 많다.

과연 영화관이 다시 활성화될 수 있을까?

활성화되려면 어느 부분이 개선되어야 할까?

필자가 영화관을 컨설팅한다는 차원에서 고객들의 사용 전, 사용 중, 사용 후를 관찰한 결과 찾아낸 답이다.

<기회선점 경쟁요인> 영화관에 베이비 시팅 룸을 설치하라

우리나라 인구분포도는 나이가 25~32세인 사람들이 가장 많다. 이들은 결혼 적령기나 자녀 출생 시기에 있는 사람들이기도 하다.

필자는 영화관에 3살 된 아이를 데리고 간 적이 있는데 영화가 시작되면서 밝았던 공간이 갑자기 컴컴해지고 가슴까지 터질 것 같은 음향소리가 들리자 아이가 놀라서 울기 시작했다. 아이를 데리고 밖으로 뛰어나왔지만 놀란 아이는 영화가 끝날 때까지 보채고 울어댔다. 지금 아이는 6살이지만 그 이후로 영화관을 가본 적이 없다.

영화관을 이용할 가장 많은 고객층이 아이 때문에 이용을 못하고 있다면 그 문제를 해결해주는 것이 기회선점 경쟁요인이라 할 수 있겠다. 대한민국 영화관 중에 베이비 시팅 룸을 설치하고 있는 영화관은 단 한 곳도 없다. 육아기에 있는 두터운 고객층을 겨냥해서 베이비 시팅 룸을 설치하면 고객확보에 성공할 수 있을 것이다.

베이비 시팅 룸(baby sitting room)은 영화를 관람하는 고객들의 육아를 보살피는 문제에 대하여 편의를 봐주는 목적을 가지고 있으므로 영화 관람 티켓을 끊어야 이용할 수 있도록 한다. 영화를 관람하지 않으면서 베이비 시팅 룸을 이용할 수는 없다. 아이들을 돌보는 기본 시간은 3시간 정도로 한정하고 3시간을 기본 요금으로 하여 1만 원 정도 받도록 한다. 고객은 아이가 먹을 음식과 옷가지들을 함께 맡겨둘 수 있고 보육 선생님들은 아이를 안전하게 보살핀다. 3시간이 초과될 경우에는 일정한 비용을 추가하면 될 것이다.

또한 항시 주차장은 편리하게 이용할 수 있을 정도로 넓어야 한다. 요즘 고객들은 대부분 차를 가지고 이동을 하기 때문에 한 번 불편함을 느낄 경우에는 영원히 고객을 놓칠 수 있다.

병원산업의 기회선점 경쟁요인

병원들도 경쟁이 치열하다. 모두 삼성의료원이나 아산병원처럼 브랜드 밸류(brand value)를 갖고 싶고, 좋은 이미지를 유지하고 싶어 한다. 그러나 아무나 삼성의료원과 아산병원처럼 될 수는 없다. 이들은 시간과 노력을 많이 투자해서 오늘날과 같은 명성을 얻을 수 있었다.

만약 삼성의료원 근처에 900베드의 초대형 병원을 건설했다면 그 병원은 아마도 경영 전략이나 마케팅, 서비스 각종 분야에 많은 연구를 해야 할 것이다. 왜냐하면 시설은 좋을 수 있지만 의사 선생님의 수준이나 신생병원으로서 기술 기반을 인정받지 못해서 고객들은 기존의 아산병원이나 삼성의료원으로 몰려가기 때문이다. 신설병원이 삼성의료원 의사들을 모두 스카우트를 한다고 해서 그 병원이 삼성의료원이 될 수는 없다.

신생병원의 기회선점 경쟁요인의 상품화 작업은 무엇일까?

다시 말해 신생병원이 주변 병원들과 경쟁을 치르기 위해서 기회를 잡아야 하는 요인이 무엇이냐는 것이다. 약점을 강점화하기 위해 시간과 인력과 비용을 투자하는 것은 어리석은 판단이다. 병원 내에서 가장 돈을 많이 벌어들이고 있는 핵심 사업 부분을 더 강화하면 약점을 보강할 것으로 확신한다.

병원에서 하드웨어가 아닌 소프트웨어를 강화하면 고객의 인식이 좋아질 부문은 장례식 사업이다. 신설병원은 장례식 사업부를 더 특화하여 기회를 선점할 수 있는 상품을 개발할 것을 권한다. 필자는 사용 전, 사용 중, 사용 후 고객들의 반응을 관찰하라 하였다. 장례식장을 사용하는 사람들을 관찰하면 그곳에서 기회선점 경쟁요인을 찾아낼 수 있을 것이다.

　연구원들과 함께 삼성의료원 장례식장 내에서 사용 전, 사용 중, 사용 후를 관찰하기로 했다. 장례식장에서 밤을 새운 사람들은 아침에 출근하기 위해서 새벽에 사우나 시설을 이용했다. 조문객이 차를 타고 사우나로 갔다가 회사로 이동하는 것은 불편하다. 내가 불편하면 남도 불편하기 때문에 불편한 점을 제거하는 것이 기회를 선점할 수 있는 요인이라 생각했다.

<기회선점 경쟁요인 1>

사우나 시설을 장례식장 내에 설치하라

　'사우나' 그것이 신생병원의 기회선점 경쟁요인이다. 사우나 시설을 장례식장 내에 설치하면 조문객들이 아침에 이동하지 않고도 사우나를 하고 회사로 출근할 수 있으므로 편리성을 제공할 수 있다. 이런 시설을 사용해본 사람들이 편리성에 대하여 입에서 입으로 소문을 내면 병원은 기회선점 경쟁요인으로 성공할 수 있는 경쟁력을 갖출 수 있다.

<기회선점 경쟁요인 2>　장례식장 내에 수면실을 만들어라

필자는 손님 중에 상주를 꼭 뵙고 가야겠다는 분을 본 적이 있다. 그러나 상주는 어디 간다는 말도 없이 자리를 비웠기 때문에 상주를 찾으러 병원 곳곳을 뒤지기 시작했다. 그리고는 외부 주차장 3층에서 봉고차 안에 자고 있는 상주를 찾아서 겨우 모시고 왔다. 장례식장 내에 상주들이 쉬고, 눈 붙일 수 있는 수면실을 만들어 제공해야 한다.

<기회선점 경쟁요인 3>　컴퓨터를 제공하라

새벽 1시쯤에 어떤 손님이 급하게 회사에 자료를 보내야 한다면서 컴퓨터를 찾고 있었다. 병원에서 제공하는 컴퓨터는 동전을 넣어서 화면을 보며 인터넷 이용은 할 수 있지만, 컴퓨터 본체는 케이스에 넣어서 열쇠로 채워두었기에 본체에 꽂아야 하는 USB 메모리는 사용할 수 없었다. 그 손님은 병원 밖으로 나가서 PC방을 이용할 수밖에 없었다.

<기회선점 경쟁요인 4>　놀이방을 만들어라

관찰하던 이튿날 아침에는 스님이 오셔서 염불을 하고 있었다. 조용한 장례식장 안에서 아이들은 여기저기 소리를 지르며 뛰어다니고 있었다. 스님께서는 아이들 때문에 집중이 안 되시는지 "얘들아 좀 조용히 해라! 누가 얘들 좀 말려주세요." 하고 도움을 청했다. 그러나 아이들은 아랑곳하지 않고 뒤엉켜서 난리였다. 놀이방이 있었으면 조용한 장례식장에서 아이들의 소란은 없었을 것이란 생각이 들었다.

이제 장례식장은 돌아가신 사람을 장례하는 곳만이 아니다. 장례식의 새로운 문화를 만들어야 하며, 조문객의 편의를 제공하는 부대시설들이 만들어져야 한다. 병원 내에 사우나를 만들고, 수면실을 만들어 편의를 제공하고, 시대에 맞춰서 컴퓨터를 편하게 사용할 수 있도록 제공하고, 아이들은 놀이방에서 놀 수 있는 토털솔루션을 제공하는 것이 병원산업의 기회선점 경쟁요인이다.

이러한 시설을 병원에 갖추는 것도 자체적으로 할 수 있으면 좋겠지만 그렇지 못한 여건이라면 아웃소싱(outsourcing)이나 제휴를 통해서 시설을 갖출 수 있다고 생각한다. 혼자서 무리한 경영을 하기보다는 여건을 고려해서 윈-윈(win-win) 할 수 있는 제휴 전략도 적극 검토해 볼 수 있다.

이상 내용을 듣고 실행으로 옮긴 대구의 P 병원은 대구 내에서 기라성 같은 대학병원을 앞지르고 1위 자리를 탈환했다. 이것은 기회선점 경쟁요인을 찾아서 상품화했기 때문이며, 한 번 정상을 탈환한 명성은 오래도록 사람들의 입소문으로 확산되기 때문에 장기화되리라 확신한다.

기회를 선점하는 시대!

　여러분이 지원하는 회사들은 이러한 싸움의 방식을 찾고 있다. 예비 신입사원이 지원사의 기회를 선점할 싸움 방식을 찾아서 제공해준다면 더할 나위 없이 좋아할 것이다. 이것이 여러분을 높은 등급으로 만들어주는 키워드라 생각한다.

　책상 앞에 앉아서 토익 점수를 1점 더 높이기 위해 모든 시간을 보내지 마라. 높은 학점을 받기 위해 시간을 낭비하지 마라. 많은 시간을 할애하여 여러분이 직접 경험하고 느끼면서 기업이 원하는 것을 찾아내서 대안을 연구하는 것이 자신의 브랜드를 만드는 것이며, 자신의 등급을 올릴 수 있는 차등화 취업 전략이다.

이력서의 비밀은 무엇인가?

이력서에는 적어 넣어야 할 항목들이 많다. 일찍부터 취업을 준비한 사람들은 취업할 무렵이 되면 대부분 칸들을 메울 수 있다. 그러나 4학년이 되어서야 취업을 준비하는 사람일 경우는 몇 줄을 채워 넣지 못하고 빈칸으로 두는 사람도 있다. 빈칸이 많을수록 불안하고, 빈칸이 많을수록 낙방할 확률도 높다.

<첫 번째 비밀> 첫 대면의 시작이다

이력서를 보면서 첫 번째 눈에 들어오는 것은 무엇인가?

사진이다. 두 사진을 비교해보자.

정장 차림이 역시 단정해 보여 더 보기 좋다. 전문적이라는 느낌도 난다. 이력서 사진은 정장 차림으로 촬영하라.

면접은 업무에 따라서 다를 수 있다. 하는 일이 정장 차림이 불편하게 느껴지는 업무일 경우에는 청바지에 면 티셔츠를 입고 면접에 참석하기도 한다. 하루 종일 프로그램을 개발하는 연구소 같은 곳, 방송국의 PD나 작가가 되려는 사람들은 편한 복장으로 면접을 보러 가기도 한다. 오히려 그런 복장이 서로 자연스럽기 때문이다. 면접관들이 청바지에 면 티셔츠를 입고 있는데, 지원자만 정장 차림으로 앉아있다고 가정하면 외부 손님 같은 겉도는 느낌이 들 것이다. 그런 업무를 함께 하려고 왔다면 청바지에 면 티셔츠가 더 좋은 인상을 줄지도 모른다. 하지만 대부분 일반적인 경우는 면 티셔츠보다는 정장 차림으로 가야 한다.

사진도 밝고 명랑한 표정으로 찍으면 좋겠다. 가능한 치아가 드러날 수 있도록 환하게 웃으면서 찍길 바란다. 환하고 밝은 미소는 보는 사람으로 하여금 마음의 문을 열 수 있게 만드는 힘이 있기 때문이다. 사진이 무표정하면 그것을 보는 사람도 무표정해질 것이다.

머리 모양도 단정한 것이 좋다. 또 목선이 선명하게 나오도록 사진을 찍어라. 단정하고 깨끗한 이미지를 전달하기 위해서다.

여러분이 마음의 문을 열지 않으면 상대방도 마음의 문을 열 수 없을 뿐더러 함께 일하고 싶다는 느낌을 받지 못할 것이다. 함께 일하고픈 동료가 되기 위해서라면 밝고 명랑한 표정으로 환하게 웃으면서 사진을 찍길 바란다.

<두 번째 비밀> 역량을 확인한다

서류를 검토해서 지원하는 부서의 업무 수행이 가능한지를 확인한다. 큰 테마만 기록했을 경우에는 읽는 사람이 이해하지 못하거나, 일해 본 경험의 깊이를 알지 못할 수 있다. 보유한 역량을 가능한 한 구체적으로 풀어서 기술하는 것이 좋다.

<세 번째 비밀> 모두 채워 넣어야 한다

기록할 항목이 다양한 것은 기업에서 필요에 의해 확인할 사항이라 보면 된다. 특정한 이력서 양식을 사용하는 입사지원 서류라면, 각 항목들은 모두 채워 넣는 것이 좋다. 또한 중요한 것은 지원하는 부서와 연관된 역량이다. 그것은 인턴 경험이나 기업 체험, 자격증 같은 것으로 평가하게 될 것이다.

자기소개서의 비밀은 무엇인가?

　학생들에게 7년간 취업 관련 강의를 하면서 항상 들은 말은 자기소개서를 작성하는 것이 쉽지 않다는 이야기였다. 보통 사람들은 지원사에 서류를 제출할 때 처음 자기소개서를 써봤다고 한다. 어딘가 어색하고 생각을 제대로 표현했는지 의심이 가지만 딱히 누군가에게 수정받기가 쉽지 않아서 그냥 지원서를 보낸다. 자기소개서도 많이 써본 사람이 잘 쓰고 무엇이 문제였는지를 파악하는 데도 유리하다.

　간절하게 원하고 있던 회사의 채용공고가 났을 때가 문제다. 어쩌면 한 번밖에 기회가 없을지도 모르는데 두루뭉술하고, 확신이 없는 자기소개서를 보냈다면 보나마나 안타까운 일이다. 제대로 된 자기소개서 한 장 못 쓰는 대학생을 길러내는 이 시대의 교육도 문제일 것이다. 그래도 어떻게 할까. 혼자하기 힘들다면, 전문가의 도움을 받아서라도 서류 통과는 할 수 있는 자기소개서를 만드는 것이 전략 중에 하나가 되어야 한다. 아점 프에서는 그런 도움을 주고 있다. 소설 같은 자기소개서가 아니라 기업이 듣고자 하는 메시지를 전달할 수 있는 서류를 작성해야 한다.

<첫 번째 비밀>

기업(Receiver)이 듣고자 하는 '메시지'를 담아야 한다

기업은 글로벌 경쟁에서 생존하거나 성장하기 위해서 에너지를 집중시킨다. 그럼에도 매출은 떨어지고, 시장에서 경쟁력은 점점 약해지고 있다. 이러한 때 신입사원을 채용한다는 것은 큰 부담일 수 있다.

기업이 듣고자 하는 메시지는 무엇이겠는가? 높은 학점과 토익 점수를 취득한 성실한 사람일까? 아니면 뽑아만 주면 열심히 하겠다는 열정일까?

경영 전략과 매출에 직접적인 영향을 주는 신선한 아이디어가 아닐까 싶다. 새로운 산업에서 새로운 적이 출현하는 시대다. 지원사의 새로운 적을 발견하고 새로운 싸움의 방식을 제공하는 것은 여러분의 등급을 1등급으로 올림과 동시에 취업에 성공할 수 있는 멋진 전략이다.

<두 번째 비밀> **가치를 표현해야 한다**

가치 표현이란 말이 앞에서도 여러 번 나왔다. 첫 번째 비밀에 해당하는 '메시지'도 가치이다. 또 다른 중요한 가치는 직무 수행 능력이다. 자기소개서는 보유한 능력을 보여주는 것이지, 소설이 되어서는 안 된다.

지원 동기

변화에 적응하지 못하는 기업은
성장과 발전이 없는 기업입니다

'벽창호'의 브랜드는 국내 유명 프랜차이즈 가운데 탑 클래스로 인지도가 92%에 달합니다. 굳이 그 결과를 갖다 대지 않더라도 벽창호라는 이름 석자를 모르는 소비자, 특히 가정을 꾸려가는 주부들은 거의 없을 것이라 생각됩니다. 집안 꾸미기를 좋아하시는 어머니를 통해 처음 벽창호라는 기업을 알게 되었고 국내 브랜드이지만 값비싼 수입 브랜드 못지않은 고급스런 디자인과 품질을 확인하였습니다. 벽창호라는 이름은 쉽고 친근할 뿐만 아니라, 브랜드 성격이 분명한 이름으로 확실한 identity를 가지고 있습니다. '벽과 창이 아름다운 집' 벽창호는 외국에서도 찾기 힘든 커튼 전문 기업으로 국내 시장뿐만 아니라 외국 시장에 이르기까지 시장 확대 전략이 가능할 것으로 예상됩니다. 이러한 이유로 귀사에 주목하게 되었습니다.

　　기존의 바람직한 기업 문화가 존재한다면 더욱 발전시켜 나
가야 하고, 그렇지 못하다면 과감히 버리고 새로운 변화에 적
응하여 기업 스스로 새로운 문화를 창조 발전해 나갈 때 총성
없는 전쟁터인 기업 환경에서 살아갈 수 있으리라 믿고 있습니
다. 고인 물에서 편안하게 안주하기보다는 저의 발전과 기업의
발전을 위해서 노력할 수 있는 곳이라고 믿기에 귀사의 문을
두드립니다.

　　벽창호라는 홈 데코레이션 회사에 제출했던 서류이다. 지원
동기가 가장 중요하다. 자신이 지원한 부서에 대해서, 본인이
할 수 있는 역량을 구체적으로 기술해야 하는데, 전반부는 회사
에 대한 칭찬으로 시작해서 후반부는 기업의 문화를 운운하면
서 "저의 발전과 기업의 발전을 위해서 노력할 수 있는 곳이라
고 믿기에 귀사의 문을 두드립니다."로 마무리했다.

　　이 글을 보면 구매부에 지원하는 사람인지 알 수 없다. 구매부
에서 할 수 있는 본인의 역량을 적어도 부족한데, 구매부와는
전혀 상관없는 이야기를 기술했기 때문에 좋은 결과를 얻지 못
했다. 또한 제목을 걸었는데, "변화에 적응하지 못하는 기업은
성장과 발전이 없는 기업입니다."라는 문구는 구매부와는 전혀
상관없는 타이틀이다. 오히려 '원단 1마에 500원씩 절약하겠습
니다.'가 벽창호 김희동 사장의 관심을 더 끌 것이다.

제목은 말하고자 하는 결론이 되어야 한다. 제목과 첫 줄에서 읽는 사람의 눈을 멈추게 하고, 읽을 가치를 제공해야 아래 글들도 읽게 된다.

필자의 경험으로 위와 같은 스타일로 자기소개서를 작성하는 사람이 50%가 넘을 것이다. 여러분의 가치가 무엇인지 파악하고 구체적으로 풀어서 작성하는 연습을 많이 하기 바란다.

<세 번째 비밀> 하나만 전달하라

타이틀은 내가 전달하려는 결론이다.

장황하게 많은 이야기를 전달할 경우 읽는 사람이 핵심을 놓칠 수 있다. 가능한 하나만을 전달하는 것이 여러분의 생각을 전달하는데 유리하다.

<네 번째 비밀> 약점은 피하고, 진실해야 한다

자신의 약점을 이야기하는 사람이 있다. 회사는 학교가 아니다. 회사는 안정적이고 원만한 환경에서 자란 사람과 함께 일하기 원한다. 회사는 조직이며, 많은 사람이 모인 장소이고, 하루의 대부분을 보내는 곳이다. 성격이 모나거나, 약점으로 남을 피곤하게 하는 사람이 있다면, 조직의 발전이 없거나, 더딜 수밖에 없다.

약점이 없는 사람은 없겠지만, 대놓고 내 약점을 보일 필요는 없다. 읽는 사람이 곡해(曲解)할 수 있기 때문에 가능한 약점보다는 강점을 이야기하는 것이 좋고, 부정적인 생각보다는 긍정적으로 글을 써야 한다.

또 지원하는 회사나 부서의 업무에 대해서 명확하게 파악하지 못하면 횡설수설하게 된다. 회사 담당자들은 많은 문서를 대하다 보면 진실 여부에 대해서 파악이 빠르다. 자기 것이 아닌 내용을 내 것처럼 쓰려고 하지 마라. 역효과가 날 수 있다. 약점 대신 강점을 이야기하고, 진실한 내용으로 상대를 설득시키려 노력하라.

<다섯 번째 비밀> 면접장까지 불러주는 이유가 된다

이력서와 자기소개서를 검토한 후에 면접에 부를 사람을 결정한다. 서류의 내용을 확인할 가치가 있는 사람에게만 통보하는 것이다. 이력서와 자기소개서에 나의 가치와 기업이 듣고자 하는 '메시지'를 정확하게 담아놓으면 면접장까지는 간다.

성장 과정

저의 가족은 아버지, 어머니, 그리고 저, 이렇게 3명의 단란한 가정입니다.

부모님의 바쁜 직장일로 저는 초등학교 입학 전까지 외할머니 밑에서 자랐습니다. 비록 부모님과 함께한 어린 시절 추억은 적지만, 시골에 있는 외할머니 댁에서의 생활은 저에게 특별하고 소중한 추억이자 경험입니다. 주로 집 앞에 흐르는 냇가를 놀이터 삼아서 놀았고, 때가 되면 찾아오는 곤충들, 뚜렷한 사계절의 변화가 저에게는 즐거운 볼거리였습니다.

무엇보다도 외할머니의 존재는 저에게 매우 컸습니다. 뒤뜰에 심은 상추와 고추를 따오고, 나무를 흔들어 주렁주렁 매달린 살구와 자두를 줍고, 한가한 오후에는 이야기도 하면서 하루 24시간을 저와 항상 함께 하셨습니다.

시골에서의 생활이 지금은 아련한 추억으로 남아있지만, 무미건조하고 똑같은 일상이 반복되는 도시생활에 지칠 때마다 저를 일으켜주는 강한 원동력이 됩니다. 또한 도시에서는 겪어보기 드문 경험들을 해볼 수 있었던 것이 큰 행운이었습니다.

지원 동기

부모님께서는 저에게 미래를 선택할 자유를 주셨고, 그래서 저는 제가 원하는 간호사의 길을 선택하였습니다. 저는 한 분야에서 전문가가 되고 싶어서 꼭 능력 있는 간호사가 되는 것이 꿈입니다. 간호의 본질은 환자를 위하는 마음을 갖는 것이므로 저는 환자에게 최선을 다하는 마음이 따뜻한 간호사가 되고 싶습니다.

그런 점에서 서울대학교병원의 비전과 저의 바람이 일치한다고 생각합니다. 또한 제가 그려왔던 이상적인 간호를 실현할 수 있는 곳도 서울대학교병원이라고 생각하며 열심히 2년 반을 보냈습니다.

저의 간절한 마음이 전해졌기를 바라면서 이번 지원을 통해서 서울대학교병원과의 인연이 계속되기를 희망합니다.

도요타 No! 현대 Yes!

남아공 및 탄자니아에서 어학연수 시절 유난히 도요타의 점유율이 높은 것을 발견하였습니다. 그래서 저는 주변 외국인들에게 왜 한국 자동차는 구매하지 않는지 궁금하여 물어보았습니다. 모든 사람들이 현대자동차를 알고 있고 이미지도 상당히 좋았습니다. 그러나 그들은 현대는 도요타보다 가격이 높고 독일 차들보다는 성능이 안 좋기 때문에 구매하지 않았다는 것을 듣게 되었습니다.

자동차 판매는 성능도 중요하지만 그에 못지않게 현지에 맞는 마케팅 전략도 중요하다고 생각합니다. 현지화 전략을 하는데 가장 중요한 것은 그들을 잘 이해하고 그들의 문화를 아는 것이라고 생각합니다. 아프리카 종단 여행을 하며 그들의 문화에 익숙해져 있고 유럽을 두 달간 배낭여행을 하며 백인들의 문화도 이해하게 되었습니다. 이러한 점들이 앞으로 귀사에 입사 후 큰 도움이 될 것을 믿어 의심치 않습니다. 맡은 일에는 항상 책임을 다하는 사원이 될 것을 약속드립니다.

위의 자기소개서를 읽으면서 여러분은 무엇을 느꼈는가? 사업주와 입장을 바꿔서 생각해보자. 누구를 면접장에 불러서 확인하고 채용하겠는가? 식상한 내용으로 시작하지 말고, 준비된 사람이라는 것을 보여주고, 지원 동기에도 간호사로서 경험했거나 해본 일들에 대해 구체적으로 작성하기 바란다.

텍스트 형식으로 작성하지 마라

99% 사람들은 자기소개서를 작성할 때 아래와 같이 텍스트 형식으로 편지글처럼 작성한다. 현대자동차 인사 담당자는 그 많은 지원한 서류 중에서 가치 있는 사람을 찾기 위해 수천 통의 서류와 씨름하고 있다. 여러분의 가치를 한 눈에 알 수 있게 하는 것은 상단에 있는 첫 제목이다. 전달하려는 결론이자 핵심이기 때문이다.

맥킨지식 구조

일단은 제목에 관심이 가야 밑에 있는 내용도 읽어본다. 그래서 타이틀에는 기업이 듣고자 하는 '메시지' 가 담겨 있어야 한다. "도요타 No! 현대 Yes!" 라는 제목은 보는 사람은 좋아할 수

있겠지만 관심을 불러일으키기에는 부족하다. 따라서 아래 글
도 읽어보지 않는다.

위 내용을 수정, 보완해보면 다음과 같이 정리할 수 있다.

'남아공 현지화 마케팅 전략제언'

남아공 및 탄자니아에서 어학연수 시절 유난히 도요타의 점
유율이 높은 것을 발견하였습니다. 그래서 저는 주변 외국인들
에게 왜 한국 자동차는 구매하지 않는지 궁금하여 물어보았습
니다. 모든 사람들이 현대자동차를 알고 있고 이미지도 상당히
좋았던 것을 발견하였습니다.

1. 독일차를 능가하는 기술 개발

현대는 도요타보다 가격이 높고 독일 차들보다는 성능이 안
좋기 때문에 구매하지 않았다는 것을 듣게 되었습니다. 자동화
시스템으로 저렴한 가격 제시와 기술 개발을 통한 성능 향상에
만전을 기해야 할 것으로 사료됩니다.

2. 현지에 맞춤식 마케팅 전략

자동차를 판매는 성능도 중요하지만 그에 못지않게 현지에
맞는 마케팅 전략도 중요하다고 생각합니다. 현지화 전략을 하

는 데 가장 중요한 것은 그들을 잘 이해하고 그들의 문화를 아는 것이라고 생각합니다. 아프리카 종단 여행을 하며 그들의 문화에 익숙해져 있고 유럽을 두 달간 배낭여행하며 백인들의 문화도 이해하게 되었습니다. 이러한 점들이 앞으로 귀사에 입사 후 큰 도움이 될 것을 믿어 의심치 않습니다. 맡은 일에는 항상 책임을 다하는 사원이 될 것을 약속드립니다.

같은 내용이지만 타이틀을 바꾸고 단락을 주제별로 나눠서 정리했다. 즉, 필자가 이야기하는 맥킨지식 문서 작성법이다. 읽는 사람마다 차이가 있겠지만 서로 비교하고 분석해 보기 바란다. 그리고 여러분도 자기소개서를 작성할 때 어떤 형식이 더 좋은지 참고해서 활용하기 바란다.

memo

5

통하는 면접 준비

최근 인재 채용에서 서류 심사, 외국어 능력, 학점 등 기초 자료에서는 지원하는 사람들의 스펙이 거의 차이가 없기 때문에 면접시험이 중요한 평가 요소로 작용하고 있다.

예전에는 뛰어난 스펙만으로 취업이 가능했지만 이제는 지원하는 사람들의 스펙은 대부분이 '수'이다. 모두가 '수'인 상태이다 보니 직접 면접장에서 사람을 보면서 결정하게 될 수밖에 없다. 그래서 예전과는 다르게 면접 시간이 길어지고 있다.

기업은 '맞춤형 인재'를 찾고 있으며,
면접 형태도 다양화되고 있다.
Sender(지원자)와 Receiver(기업) 간
서로 통하는 대화를 준비해야 성공할 수 있다.
서로 통하기 위해서는 Receiver가 속한
산업 환경, 경쟁관계, 시장선점 요인,
창의적 아이디어, 전공에 대한 지식, 논리적 표현 기술 등을
고루 준비해야 한다.

면접의 목적

이력서와 자기소개서는 면접장에 초대받기 위한 준비 과정이다. 이력서와 자기소개서를 차등화해야 면접에 초대받을 수 있다. 본 장에서는 면접을 준비하는 과정과 면접을 진행하는 과정, 면접 후 마무리하는 과정에 대해서 이야기할 것이며, 면접의 유형과 많이 질문하는 것들에 대해서도 알아보고자 한다.

면접의 목적

면접은 지원자가 제출한 이력서와 자기소개서, 기타 기업에서 희망하는 각종 서류를 검토한 후 필기시험이나 적성검사, 신체검사에 통과한 사람들을 한자리에 불러 모아 최종 의사결정을 하기 위한 가장 중요한 평가 단계다. 기업에 필요한 인재를 선발하는 것이 면접의 목적이다.

자신을 보여주는 단계이다

짧은 면접 시간 동안 한 사람을 평가한다는 것은 다소 문제가 있다고 생각되지만, 그 기간만큼 그 사람을 검증하기 위한 다양한 방법을 동원한다. 이런 상황을 잘 헤쳐 나가기 위해 면접에서는 경직되지 않고 자연스럽게 자신을 보여주어야 한다. 자연스럽게 자신을 보일 수 있으려면, 가장 중요한 것이 자신감이다. 자신감을 갖기 위해서는

첫째, 기업은 진실한 사람을 원한다.

면접관들은 사람 보는 데는 전문가들이다. 그들은 느낌으로

알 수 있다. 표정과 태도에서 그 사람의 허와 실을 찾아낸다. 가식적인 표정은 금방 알 수 있다. 진실하고 자연스런 태도를 보여주도록 노력하며 진실한 답변을 해야 한다.

어쩌면 기업들은 앞으로는 진실한 인재를 찾기 위해서 3박 4일 정도의 면접을 하게 될지도 모른다. 외부 연수 기관을 얻어서 숙박하면서 이력서나 자기소개서에 기록한 내용들에 대해서 검증 시간을 가질 수도 있다. 직무에 대해서도 충분히 검토하고, 토론을 통해서 소통하는 능력도 검증하고, 연수 기간 내내 영어로만 생활할지도 모른다. 문서에 작성된 것만으로는 믿지 못하기 때문에 비용을 들여서라도 정확한 인재를 채용하고 싶기 때문이다.

모 의류 회사는 면접에서 마지막 질문이 다음과 같았다.

"장용재 씨는 죽어도 기획 MD를 해야 합니까?"

"아니오."라고 답한 예비 신입사원의 진실은 다른 분야의 일도 배우고 싶었기 때문이었다. 면접관은 그의 진심을 알아보았다. 장용재 씨는 현재 의류 산업에서의 '삼성'과 같은 기업으로 잘 알려진 '온앤온 보끄레 머천다이징사'에서 근무하고 있다.

둘째, 직무를 비롯한 정보에 충만해야 한다.

직무를 수행할 수 있는 능력을 갖추거나 회사의 다양한 전략과 정보를 알면 자신감이 생긴다. 사전에 많이 준비하면 연구한 흔적을 보여줄 수 있고 무슨 질문을 받아도 대답할 수 있다. 그래서 생기는 자신감은 밝은 표정과 좋은 음성을 만들어 좋은 평가를 받을 수 있다.

면접장에 가기 전에 지원한 부서의 업무에 대해서 충분히 숙지하거나 경험해놓기 바란다. 앞에서도 언급했지만 면접에서는 채용하는 부서의 실무자들이 면접관으로 나와서 지원한 사람들과 직접 직무에 대한 역량을 평가한다. 면접관은 시간이 돈이라고 생각하는 사람들이다. 직무를 모르는 사람에게는 단 1초도 낭비하고 싶지 않을 것이다. 직무 범위는 부서가 하고 있는 일에 대한 부분도 있겠지만 경쟁 산업이나 경쟁사에 대한 이야기들도 많이 묻는다. 따라서 경쟁사의 현황도 파악해서 준비하는 것이 좋다.

전문직으로 지원하는 사람들은 전공에 대한 면접 준비를 해두는 것이 좋다. 전문직종은 면접 시 반드시 전공에 대한 기초 지식을 묻는다. 어떤 기업은 전공에 관한 주제를 주고, 화이트보드를 이용해서 5분 동안 주제를 설명하는 형식의 전공 지식을 발표하기도 한다.

셋째, 질문의 핵심을 파악하라.

면접관이 던지는 질문의 핵심을 파악해야 한다.

질문의 핵심이 파악되면 잠시 어떻게 답변할 것인가를 구상하기 바란다. 면접관이 질문에 즉각적인 답변을 기다리는 것은 아니다. 급하게 답변하다 보면 논리성이 떨어지기도 하고 전달하고자 하는 핵심을 정확하게 표현하지 못할 수 있다. 면접관은 침착한 표정으로 답변을 준비하는 사람을 오히려 좋아한다.

간단명료하게 답변하는 훈련이 필요하다. 답변이 너무 길어도 곤란하고, 군더더기를 많이 붙이는 사람은 좋은 평가를 받기 힘들다. 혹 질문의 핵심을 파악하지 못하고 면접관의 의도와는 다른 대답을 했을지라도 차분하게 정리해서 이야기한다면 점수를 받을 수 있다는 점을 기억해두기 바란다.

핵심을 파악하고 답변을 할 때는 바바라 민토(Barbara Minto)가 말한 것처럼 결론부터 이야기하라. 결론을 이야기하고 면접관이 보충 설명을 요청하면 그때 세부적인 설명을 하도록 하라. 장황한 이야기를 늘어놓기 시작하면 면접관들은 인내심이 부족해서 다음 질문으로 넘어갈 수 있다.

넷째, 논리적으로 설명하라.

급하게 할 이유가 없다. 면접관이 질문할 때는 즉각적인 대답을 원하지 않는다. 논리적으로 설명하면 틀려도 50점은 받는다. 짧게나마 질문에 대한 답변을 정리하고, 천천히 논리적으로 솔직하게 설명하도록 한다. 정리하지 않으면 급해지고, 급해지면 횡설수설하게 된다. 천천히 정리하고 답할 시간과 여유는 누구에게나 주는 것이니 최대한 활용하라.

절대 포장하려 하지 말고, 면접관을 이기려고 하지 마라. 논리적으로 답하는 것도 바바라 민토의 구조 수립 기술에 넣어서 훈련하라. 가장 논리적인 것은 결론을 말하는 것이다. 그리고 면접관이 보충 설명이 필요하다고 사인을 보낼 때 명쾌하고 짧게 보충 설명을 하면 된다.

사례를 하나 들자면 모 공사의 면접에서 면접관이 우루과이라운드(UR)에 대해서 질문했다.

면접관 : UR에 대해서 아는 바를 설명해 보세요.

예비 신입사원 : 자유무역 협정입니다.

면접관 : 좀 더 자세히 설명할 수 있겠습니까?

예비 신입사원 : 1997년 7월 1일부터 모든 나라가 모든 제품에 대해서 7%의 관세만 내고 자유무역을 실시하는 것입니다.

결론부터 이야기하고 보충 설명을 하는 좋은 사례이다.

열정과 자신감을 보여주는 단계이다

짧은 면접 시간 동안 면접관에게 무엇을 보여줄 것인가? 열정과 자신감에 찬 의지와 성실하게 자신을 관리한 태도를 보여주는 것이 정답이다. 당신이 면접에까지 초대를 받은 것은 이미 준비된 인재로 평가받았기 때문이다. 그러므로 이제는 열정과 자신감을 보여주면 된다.

열정은 눈빛에서 시작되고 눈빛은 충만한 자신감도 전달한다. 신입사원다운 패기와 용기가 있어야 한다. 목소리에는 속도와 톤이 살아 있어야 하고, 빠르기와 느리기가 함께 어우러져 듣는 사람으로 하여금 집중하게 만드는 기술이 필요하다.

어떤 사람들 대부분은 책을 읽듯이 답변한다. 면접관이 당신의 말하는 내용을 알아들을 수 없거나 집중하지 못한다면 당신 스스로 낙방을 초래하는 것이다. 말에는 힘이 있어야 하며 당신 에게 집중할 수 있도록 자신 있게 답변한다.

목소리가 꼭 클 필요는 없다. 목소리에 힘이 있어야 하며, 말하는 속도와 강약을 주어야 한다. 그래야 듣는 사람이 맛과 재미를 느낄 수 있다. 외운 것이거나 남이 가르쳐준 것으로는 전달력도 떨어지고 관심도 불러일으키지 못한다. 직접 경험해서 얻은 체험을 이야기할 수 있도록 대학 입학 때부터 목표를 정해서 일관성 있게 준비해야 한다. 경험한 사례를 적절하게 활용해야 힘 있는 표현을 할 수 있으며, 그것은 당신의 열정과 자신감을 불러일으킬 것이다.

서류 전형에 통과된 사람은 모두 제로 베이스(zero base)에 서 있다. 지방대학 출신이거나 학점이 낮다 해서 주눅이 들거나 자신감을 잃어서는 안 된다. 새롭게 시작하는 만큼 당당하게 본인의 능력을 보여주어라.

자신을 채용하게끔 만드는 단계이다

면접에서는 돈이 들지 않고, 기업에 돈을 벌어줄 수 있는 전략적인 아이디어를 제공하는 사람은 채용된다. 면접은 면접관과 많은 대화를 하는 것이 중요하다. 그러기 위해서는 여러분 스스로 가치를 높이는 데 집중해야 하는 단계다.

인사 부서에 지원한 사람에게 면접관이 질문을 했다.

"당신 인사 업무에 대해서 알고 계십니까?"

"아니오. 뽑아만 주면 열심히 하겠습니다."

물어본 질문에 모른다고 대답하면 면접관은 더 이상 묻지 않는다. 물어볼 가치가 없기 때문에 다음 사람으로 넘어간다.

면접은 탁구처럼 서로 주고받는 대화의 기회를 만들어 내는 것이다. 새로운 적과 싸움의 방식을 연구했다면 그것을 설명할 수 있는 기회를 만들어라. 그리고 미처 생각도 못하고 있던 면접관들에게 깜짝 놀랄 아이디어를 제공할 수 있는 사람임을 드러내 보여주어야 한다. 면접관이 여러분의 이야기에 관심을 가지도록 상황을 이끌 수 있어야 한다.

여러분이 준비한 기발한 아이디어가 있다면 답변하는 중에 아이디어를 이야기할 수 있도록 유도하거나 답변을 그쪽으로 몰고 가는 기술이 필요하다. 기발한 아이디어는 면접의 판도를 바꿀 수 있기 때문에 답할 수 있는 기회를 만들어야 한다.

면접의 중요성

최근 인재 채용에서 서류 심사, 외국어 능력, 학점 등 기초 자료에서는 지원하는 사람들의 스펙이 거의 차이가 없기 때문에 면접시험이 중요한 평가 요소로 작용하고 있다.

예전에는 뛰어난 스펙만으로 취업이 가능했지만 이제는 지원하는 사람들의 스펙은 대부분이 '수'이다. 모두가 '수'인 상태이다 보니 직접 면접장에서 사람을 보면서 결정하게 될 수밖에 없다. 그래서 예전과는 다르게 면접 시간이 길어지고 있다.

전문 지식 확인

21세기는 전통 방식의 비즈니스를 계속하는 시대가 아니라 디지털 지식정보화 시대다. 지식정보화 시대의 지식은 더 세분화되고 더 전문화된 지식이다. 이력서에는 지원하는 부서가 명시되어 있고, 경력란에는 지원하는 부서에 맞는 경력 사항을 기록하게 되는데, 면접관은 그 부분을 세밀하게 질문한다. 다방면에 뛰어나는 것도 좋지만 기업에서는 한 분야에 더 높은 전문성을 보유한 사람을 선호한다. 전문 분야 하나만 잘 해도 부가가치가 있기 때문이다.

이력서와 자기소개서 사실 유무 확인 🥤

"화려한 이력서를 만들고 싶다면, 자신이 경험하지 않았을지라도 인사 담당자의 관여도를 높이기 위해서 필요한 것을 찾아 기록하라."

어떤 취업 특강 강의 내용 중에 나온 말이다. 화려하게 이력서를 작성하기 위해 사실이 아닌 거짓을 적으라는 내용이다. 그것을 인사 담당자나 면접관이 어떻게 알겠느냐는 것이다.

기업의 인사 담당자나 면접관들의 업무는 입사지원 서류를 읽고, 사람 만나는 것이 업무이다. 그러다 보니 사람들의 표정만으로도 상대방의 진실 유무를 확인할 수 있다. 화려하게 적어놓은 이력서 내용 중에서 하나만 물어보면서 여러분이 대답하는 목소리의 속도나 톤을 듣고도 진실 유무를 알 수 있을 정도다. 혹 거짓이 들통난다면, 원하는 회사에 취업이 불가능하게 될 것이다.

실제 자신이 경험한 사실만 기록해야 한다.

직무에 대한 이해도 및 수행 능력 확인 🍺

면접장에서는 자신이 지원한 업무에 대해 이해하고 있는지 묻는 것은 이제 상식이다. 여러분은 대학교에서 전공과목과 영어 실력만 요구했고 공부했을 뿐이라고 주장할 수 있다. 하지만 기업에서는 여러분이 보유한 스펙은 기본으로 여기며, 여러분이 지원한 직무에 대해서도 깊이 있는 지식을 보유했는가를 알고 싶어 한다. 직무를 모르면 회사 내 누군가가 여러분 옆에서 업무를 가르쳐야 하기에 시간과 돈이 드는 사람이라 판단하고 채용하지 않는다.

얼마 전 뉴스에 지방대학교 학생들이 방학 기간을 통하여 건설 현장에서 땀을 흘리며 일하고 있는 모습이 나왔다. 그들의 대부분은 지방 어느 대학교 건축학과에 재학 중인 2, 3, 4학년 학생들이었으며, 방학 기간을 통하여 현장에서 직접 실습하므로 경험도 쌓는다고 하였다. 앞으로 회사에 지원하게 될 때 경력으로도 포함할 수 있으므로 일석이조란 말도 했다.

이처럼 많은 사람들은 막연히 기다리고 있지 않고, 자신이 하고자 하는 일에 이미 가까이 가서 많은 것을 파악하고 있다. 건설 현장에서 땀 흘리며 철근을 나르던 학생들도, 할인점 주차장을 누비며 카트를 모아오는 아르바이트 학생들도 단순히 비용을 벌어 학비에 보태는 것만이 아니라, 자신의 꿈에 한 발짝 더 다가서려고 노력하고 있는 것이다.

회사 환경에 대한 개인의 입장 및 의견 수렴 🥤

글로벌 환경에서 우리나라 기업은 성장보다도 당장 시급한 것이 살아남는 것이다. 이럴 때 예비 신입사원의 기발한 아이디어와 전략 제언은 큰 힘이 될 수 있다. 취업도 전략이다. 남들과 같이 평범한 면접을 치루는 것보다 많은 연구를 한 노력이 보이는 아이디어를 제공할 수 있기를 바란다.

면접을 통해 알고 싶은 것들 🥤

기업은 우수한 인프라 중에서 가장 적합한 '맞춤형 인재' 한 명을 선택한다. 아점프 인터뷰를 통해서 알 수 있는 기업의 CEO와 팀장들이 가장 중요하게 생각하는 것은 바로 '인성'이었다. 그 다음이 '충성도'와 '역량'이었다.

대기업과 중소기업은 다소 차이가 있다. 대기업은 그룹 면접
이나 토론 면접을 실시하고, 중소기업은 1:1 면접이 주를 이룬
다. 또한 대기업은 창의성과 발전 가능성을 보는 반면, 중소기
업은 즉시 현업에 투입해서 활용할 수 있는 직무 중심의 인재를
선호하고 있다. 위에 강조한 사항을 숙지하고 지원 분야에 맞추
어 지원한다면 반드시 성공할 수 있을 것이다.

면접 준비

    면접을 준비하는 것은 지원사 정보를 수집하는 것에서 시작한다. 지원하는 회사마다 상황이 다르므로 미리 지원사에 대해 철저히 정보를 수집해야 한다. 인프라를 활용하여 지원사를 미리 탐방해 보는 것도 좋은 전략이다. 이렇게 준비한 지원사의 정보는 나의 경쟁력을 높여줄 것이다.

지원사의 정보를 수집하라

정보를 수집하는 방법은 다양하다.

첫째, 지원사의 홈페이지를 방문한다.
기업의 핵심 산업과 경영 이념, 회사의 연혁, 현재 추진하는 사업 아이템에 대한 정보, 조직 및 운영 시스템 등의 정보를 다양하게 수집해야 한다.

둘째, 주변의 인프라를 활용하여 직접 확인한다.

이 방법은 실상과 허상의 차이를 확인할 수 있는 기회가 될 수 있다. 사실 홈페이지는 기업에서도 실시간으로 관리하지 못하거나, 기업에 이익이 되는 외부 자료만을 관리하는 경우가 많다. 인프라를 이용할 경우 사실적인 이야기를 들을 수 있지만 전달하는 사람의 주관성이 내포되어 있을 수 있다는 단점도 있다.

셋째, 인쇄매체를 활용한다.

회사의 기업 정보를 소개하는 각종 인쇄매체를 찾아보면 다양한 정보를 알 수 있고, 공신력 있는 기관 또는 매체의 신뢰를 바탕으로 출처가 명확한 사실적인 정보를 얻을 수 있다.

넷째, 직접 지원사 주변을 간다.

식당이나 커피숍, 저녁 시간에는 술집에 가면 직원들이 삼삼오오 모여서 회사 이야기를 하는 경우가 있다. 이런 자리의 이야기가 어쩌면 가장 최신의 정보로서 회사의 문제점과 대응 전략까지 모두 얻게 되는 경우가 많다.

어떤 방법을 선택하더라도 면접을 준비하는 사람으로서 지원사나 경쟁사, 종사하는 산업의 정보를 모른다는 것은 눈을 가리고 미로를 찾아 헤매는 것과 같다. 많은 정보를 수집해서 지원사의 문제점을 찾아내고, 대안을 세우는 것이 면접을 성공시키는 것이라 말할 수 있다.

지원사의 면접 유형을 파악하라

대학의 취업 특강을 가서 학생들에게 질문했다.

"여러분은 지금 어느 회사에 입사하려 합니까?"

학생 대부분이 그냥 웃고 넘긴다. 일부 학생들은 "아직 정하지 않았는데요."라고 대답한다.

취업 특강에 나오려면 최소한 먼저 자신이 '어떤 회사에 어떤 업무를 할 것이다.'를 결정해야 도움이 된다. 아무 생각도 없이 한번 들어봐야겠다는 생각은 정말 곤란하다.

대기업은 각 부서에 필요한 직원을 명기하지 않고 뽑는 경우가 많다. 예를 들어 마케팅, 홍보, 재무, 기획, 인사를 합쳐 '경영지원부서' 직원을 뽑는다고 채용공고를 내는 것이다. 그러므로 서류에서부터 자신이 어떤 업무를 하고 싶은지 밝혀야 한다. 또한 이는 통과 후 적성검사로 자신이 지원한 직무에 적합한 인재인지도 판명된다.

면접 전에 준비할 것이다.

첫 번째, 무슨 일을 하겠다고 결정한다.

두 번째, 그 일을 무슨 회사에 가서 할 것인가를 결정한다.

세 번째, 그 회사의 정보를 가능한 많이, 그리고 최신 정보를 수집한다.

네 번째, 정보를 분석해서 사용할 것과 알아둬야 할 것들을 분류한다.

다섯 번째, 수집한 정보를 바탕으로 회사 스타일에 맞는 이력서와 자기소개서를 작성한다.

여섯 번째, 면접 유형을 분석하고 준비한다.

면접 유형은 기업별로 다양하다.

일반적 면접 유형은 대면 면접으로 지원자가 회사에서 정한 일자와 시간 및 장소에 직접 방문하여 면접하는 방법을 말한다.

논술은 시사나 다양한 분야의 문제에 대하여 답변을 기술하는 방식인데 사례는 다음과 같다.

- ☐ 자사의 핵심 제품에 대하여 블루오션 전략을 수립하시오.
- ☐ 자사의 홍보 및 광고에 대한 귀하의 의견을 기록하시오.
- ☐ 당신의 업무 프로세스를 설계하시오.
- ☐ 자사의 마케팅 전략에 대한 여러분의 의견을 논하시오.
- ☐ 정보화 사회에 대한 미래 생활환경에 대하여 논하시오.
- ☐ 자신이 생각하고 있는 핵심 산업의 비전과 바람직한 조직문화에 대하여 2,000자 이내로 논하시오.
- ☐ Job Size와 Pay Level 에 대하여 기술하시오.

간단한 예문을 들었지만 회사의 환경과 입장을 고려하여 준비하는 것이 좋다.

면접 유형은 논술 면접, 일반 면접, 영어 인터뷰 면접, 실무자 면접, 임원 면접, 객관식 시험, 프레젠테이션 면접, 인성 면접,

집단 면접, 집단 토론 면접, 상식 시험 면접, 한자 시험, 적성검사, 역량 면접, 압박 면접, 야유회 면접, 나이트클럽 면접, 현장 면접 등이 있다.

기업에서는 이러한 다양한 면접 방법을 하나 또는 두 개를 결합하여 면접 방법을 선택하기도 하며 때로는 3개 이상을 진행하기도 한다.

면접에 자주 나오는 질문

임원진 면접

- ☐ 2분 동안 자기소개를 해보시오.
- ☐ 지원 부서 업무에 관한 아르바이트를 해본 경험이 있습니까?
- ☐ 귀하의 입사동기와 포부에 대하여 1분간 소개해보시오.
- ☐ 가능한 외국어로 자기소개를 해보시오.
- ☐ 해외여행을 해본 경험과 다녀온 나라는 어디입니까?
- ☐ 해외 근무를 하게 된다면 어떻게 하시겠습니까?
- ☐ 당신이 사장이라면 어떤 사람을 뽑겠습니까?
- ☐ 기업 노조에 대한 당신의 견해는 어떻습니까?
- ☐ 주5일 근무에 대한 견해는 어떠합니까?
- ☐ e-biz와 m-biz에 대하여 설명해보십시오.
- ☐ BRICs에 대하여 설명해보십시오.
- ☐ 전공이 지원한 부서와 다른 이유를 면접관에게 설명해보십시오.

☐ 경제 전망에 대한 당신의 견해를 설명하십시오.

☐ 당신이 경험한 여행에서 얻은 것은 무엇인가요?

☐ 희망 연봉을 말해보십시오.

☐ 주량은 어느 정도입니까? 담배는 피웁니까?

☐ 휴학은 왜 했으며, 그 기간 무엇을 했습니까?

☐ 만약 상사와 트러블이 생기면 어떻게 하겠습니까?

☐ 해외 또는 지방 근무가 가능합니까?

☐ 쌍용자동차 문제에 대해 당신의 생각을 말해보십시오.

실무진 면접

☐ 지원 업무의 핵심은 무엇입니까?

☐ 마케팅 포지셔닝이 무엇입니까?

☐ K-cash의 암호 알고리즘을 설명해보십시오.

☐ 정보화의 역기능은 무엇이라고 생각합니까?

☐ 기획서를 작성하는 이유는 무엇입니까?

☐ 우리 회사의 해외 진출 전략에 대하여 설명해보십시오.

☐ 직장 내에서 상사와의 문제 발생 시 어떻게 해결하겠습니까?

☐ 향후 주식 시장의 전망에 대해 말하십시오.

☐ 귀하가 인사 담당자라면 어떤 사람을 뽑겠습니까?

☐ 귀하가 지원한 부서 업무는 파악하였습니까?

☐ 귀하를 영업 부서로 발령낸다면 일할 수 있겠습니까?

☐ 남다른 뭔가를 보여줄 수 있습니까?

☐ 우리 회사를 선택할 때 고려한 사항은 무엇입니까?

☐ 은행에서는 영어를 사용할 기회가 없는데 왜 지원했습니까?

☐ 창구의 동전 세는 일도 할 수 있습니까?

☐ 타 은행에 비해 봉급이 적은데 어떻게 생각합니까?

☐ 남들이 자신을 어떻게 평가합니까?

☐ 디지털과 아날로그의 차이점에 대하여 설명해보십시오.

☐ 자신의 경력에 대해 말해보십시오.

☐ 우리 회사는 야근이 많아 데이트할 시간도 없을 텐데 어떻게
하겠습니까?

☐ 다른 곳에 지원한 적이 있습니까? 있다면 어떤 부서였습니
까?

자기 PR 시나리오를 작성하라

"당신을 2분 동안 PR해보세요."

이 질문은 많은 회사들이 지원자들에게 물어보는 것 중에 하나로 면접에서 약방의 감초 같은 질문이기도 하다.

잠시 책을 덮고 당신을 2분간 PR해보라.

어떤가?

늘 자신에 대하여 생각하고, 가끔은 남들에게 자신을 알리기도 했지만 막상 자신을 PR하기란 쉽지 않다. 특히 면접관 앞에서 한다는 것은 더 어려운 일이다. 대부분 사람들은 다음과 같이 자신을 소개한다.

저는 강원도에서 태어나서 ○○고등학교를 졸업하고 ○○대
학 ○○과를 전공하였습니다. 고등학교 때는 학생회장을 하였
으며, ○○경시대회에서 금상을 수상하였습니다. 대학 시절에
는 성적우수 장학금을 5회 받았으며, 과대표를 한 적이 있습니
다. 성격은 온순하며, 대인 관계도 모난 곳 없이 무난하다고 생
각합니다. 특기로는 스포츠를 좋아하며 특별히 잘하는 운동은
축구입니다.

결론부터 말하면 위의 내용은 탈락자의 소개 방식이다.
다른 하나를 소개하겠다.

저는 어렸을 때 소아마비 환자였습니다. 동네 아이들과 놀
때에는 늘 처마 밑에서 쪼그리고 앉아 흙장난을 혼자 했습니
다. 초등학교 체육 시간은 계단에 앉아 책을 보았던 기억이 있
습니다.

어느 날 제 자신이 너무도 부끄럽고 초라한 생각이 들어서
운동선수가 되기로 결심하고 다음날 선생님께 말씀드렸습니
다. 체육 선생님은 100m 달리기를 18초에 달릴 수 있다면 야
구선수를 시켜주겠다고 약속하셨습니다.

얼음이 녹지 않았던 운동장에서 신발을 벗고 런닝셔츠도 벗
고, 달리는데 장애가 될까 싶어 바지도 벗어 던지고 누런 강목

으로 만든 트렁크 팬티를 입고 선생님의 신호에 맞춰 난생 처음 100m 달리기를 시작했습니다. 힘차게 달렸지만 최초 기록은 25초였습니다. 한 번 더 달렸을 때는 26초란 기록이 나왔습니다.

선생님은 기가 죽어있는 저를 보시고 이렇게 말씀하셨습니다. "언제라도 100m를 18초에 달리게 된다면 선생님이 꼭 너를 야구선수에 넣어줄게."

저는 형이 사용했던 모래주머니를 발목에 차고 매일 학교와 집을 뛰기 시작했습니다. 6개월 후에는 100m를 18초에 달릴 수 있었으며, 하얀 유니폼을 입는 야구선수가 되었습니다. '찐따'란 별명을 벗어 던지기 위하여 정말 피나는 훈련을 극복했습니다.

저는 저에게 희망을 주셨던 선생님을 닮고 싶습니다. 선생님은 저에게 불가능이라 여겼던 장애를 극복하게 하시고, 희망과 용기를 불어 넣어주셨습니다.

이제는 제가 건강한 몸으로 회사라는 조직에 들어와 제 육신을 건장하게 만들었듯이 회사를 키우고 제 속에 불타는 열정을 회사나 사회에 기여하고자 합니다. 또한 인재를 육성하는 분야에 종사하면서 사람들에게 용기를 불어넣는 역할을 수행하고 싶습니다.

한편의 인간 승리를 보는 듯하지 않은가? 드라마 같은 이야기에 면접장에 있었던 많은 사람들은 그의 변한 모습을 보고 싶어

했다. 그는 자리에서 일어나 주변을 몇 바퀴 돌기도 했다. 누군가 박수를 치기 시작했고 면접장은 뜨거운 격려의 박수가 계속 이어졌다.

일반적인 화두로 자신을 소개하지 마라. 특별한 하나의 부분을 특화시켜야 한다. 그리고 자기소개서에 이미 적어 놓은 이야기를 다시 반복하지 마라. 그것은 이미 면접관들이 알고 있는 사실이다. 자기소개서에 없는 특별한 것을 준비하라.

토론 면접

토론 면접은 하나의 주제를 5~7명으로 구성된 팀에 제시하고, 서로의 의견에 맞추어 하나의 산출물을 만들어서 최종 의견을 팀장이 발표하는 형태다. 토론 면접의 취지는 주제에 대한 이해와 발표자의 자세와 논리성 등을 평가하기 위함이며, 토론하는 모습을 보면서 개개인의 스타일을 파악하기 쉽다.

학교에서 토론 문화나 토론식 강의를 접할 기회가 많지 않으므로 이런 면접을 실시하는 기업에 지원하는 사람들은 선배나 동료들과 팀을 구성하여 미리 연습할 필요가 있다. 특히 핵심을 간략히 전달하는 표현력이나 논리성은 상당히 중요하며, 다른 사람이 발표할 때 경청하는 태도도 많이 반영된다. 과거 토론 면접을 했던 기업들과 주제에 대하여 알아보기로 한다.

- 기업은행 : 조기 유학 찬반론
- 대우건설 : 요즘 결혼을 기피하고 출산을 하지 않는 여성이 많은데 이에 대한 원인과 해결책을 말하시오.
- 삼성 SCI : 스크린 쿼터제 찬반, 엔화 절감이 한국에 미치는 영향
- 삼성에버랜드 : 최악의 발명품에 대해 토론
- 삼성엔지니어링 : 외국인 고용허가제에 대한 찬반 토론
- 삼성전기 : 재택 근무에 대한 토론
- 삼성전자 : 퀄컴사의 CDMA 기술에 의존할 RJTE인가 아니면 독자적인 기술을 개발할 것인가?
- 삼성증권 : 임금 피크제, 조기 유학, 개인 워크아웃
- 삼성코닝 : ERP(전사적 자원 관리)를 중소기업에서 도입하는 것에 찬성하는가? 반대하는가?
- 삼성테크원 : 인간 복제에 대한 의견
- 수출입은행 : 남북경제협력의 바람직한 발전 방향은 무엇인가?
- 제일모직 : 이중 국적에 대한 찬반 토론
- SK생명 : 중국으로의 공장 이전에 대하여 논하시오.
- SK텔레콤 : 혼자 무인도에 남겨진다면 가지고 갈 물건은 무엇입니까?
- LG텔레콤 : 이동통신 요금 인하와 카메라폰 사용 규제에 대하여 논하시오.
- KT : 주제를 5분 안에 읽고 약 40분간 토론을 하는 문화
- KTFT : KTFT의 마케팅 전략에 대해서 논하시오.
- 현대시멘트 : 자체 시멘트 매장량이 30년 정도 되는데 계속 개발해야 하는가 아니면 대안으로 수입을 해야 하는가?

현재의 면접 추세는 단답형보다는 여러 사람이 모여서 서로 의견을 발표하고 관점을 달리하는, 상대방을 어떻게 설득하고 관계를 개선하느냐 하는 토론에 초점을 맞춘다. 앞으로도 이러한 면접 기법은 계속 발전되리라 생각한다.

사전 탐방을 통해 관계를 유지하라

입사를 전략적으로 계획하면 여러분이 열려고 희망하는 문은 열릴 것이다. 전략 중에서도 중요한 부분은 지원하는 회사를 사전에 방문하는 기회를 만드는 것이다. 더 나가서는 지원사에 근무하고 있는 선배들을 자주 만나는 것도 좋은 전략이다.

서울 K대 의상디자인학과에 다녔던 홍경민 씨는 학교에서 진행하는 취업 특강을 듣고 전략을 세우게 되었다. 젊은 층을 표적 고객으로 국내에서 의류업계 1위를 고수하는 회사에 입사하겠다는 목표를 정하고 특강 시간에 들었던 선생님의 이야기를 실천하기로 결심했다. 학교에서 리포트로 제출하는 작품을 만들기 위해서, 입사를 결정한 H 회사 디자인실을 찾았다. 처음에는 냉소적이고 바쁘다는 핑계로 이사람 저 사람에게 떠넘기더니 수차례 찾아가는 열정을 보이자 블라우스 제작 팀장은 마침내 마음의 문을 열고 따뜻하게 대해주기 시작했다. 2년 동안 홍경민 씨는 H사 디자인실을 적어도 100회 이상은 방문했다.

전문 디자이너가 코칭해준 작품은 학교에서도 좋은 평가를 받았으며, 제작한 작품은 작업을 도와준 블라우스 팀의 직원들에게 선물했다. 2년이 지나 홍경민 씨가 H사에 이력서를 제출하고 면접장에서 기다리는 동안 H사 직원들은 홍경민 씨가 자기 회사 직원인줄 알았다고 했다. 어떤 언니들은 커피를 뽑아 와서 '합격'이라 격려하며 손으로 V자를 만들어 보이기도 했다.

순서가 되어 면접장에 들어갔을 때 홍경민 씨는 깜짝 놀랐다. 친언니처럼 따뜻하게 지도해주던 블라우스 팀장이 면접관으로 앉아 있었기 때문이다. 실무자 면접이었다. 면접이 끝날 무렵 블라우스 팀장이 다음과 같은 질문을 했다.

"홍경민 씨가 학교에서 공부하는 것 이외에 저희 H사에 입사하기 위하여 노력한 부분이 있다면 말씀해보세요."

홍경민 씨는 현재 H사에서 이름 있는 디자이너가 되어 있다.

면접을 잘 보려면 

면접을 잘 보려면 다양한 지식이 필요하다.
면접을 잘 보기 위한 방법을 세부적으로 분류해서 살펴보자.

회사에는 보이지 않는 문화와 수준이 있다. 기존의 사람들은 그 문화와 수준을 유지하고 발전시키기를 원하고 있다. 대기업이 특히 그런 문화를 더 중요하게 여긴다.

기업의 인재상을 파악하라

최고 경영자는 경영 경험에서 나온 인재상을 가지고 있다.

예를 든다면, 삼성의 이건희 회장은 "한 명의 천재가 만 명을 먹여 살린다."하며 정말 천재를 찾고 있다. LG 회장은 "잘 만들어진 문화에 들어와서 유연하게 활동할 수 있는 인재"를 찾고 있다. 닮고 싶은 기업으로서 세계적으로 유명한 HP는 "기술을 인류에게"라는 슬로건으로 사람들을 불러 모은다. 기술력을 갖춘 사람들이 모여 사람들이 필요한 제품을 생산하여 세상 사람들에게 편익을 제공하자는 것이다. 한국을 대표하는 대부분의 큰 기업들은 자신의 문화를 가지고 있으며, 그곳에서 모나지 않게 활동할 인재를 찾고 있다. 대기업에서는 신입사원을 채용했다 해서 당장 돈을 벌어줄 것이란 생각은 하지 않는다. 이미 만들어진 문화에 잘 적응하고 어울리는 식구를 만나길 원한다.

대기업과 중소기업의 문화는 확연히 다르다. 중견기업이나 중소기업들은 채용되는 인력이 큰 역할을 해주기를 기대하고 있다. 업무 역량이 뛰어나서 기업의 새로운 돌파구를 찾는 기회가 되기를 바라고 있다.

벤처회사의 인재상도 다르다. 컴퓨터 프로그램을 개발하여 세계적인 기업에 납품하는 한국을 대표하는 모 벤처회사의 인재상은 "실패를 두려워하지 않는 세상을 바꿀 간이 큰 사람"이다. 벤처회사다운 인재상이다. 큰 회사든, 작은 회사든 기업이 원하는 인재상에 자신을 맞춰야 한다.

그렇다 하더라도 기업의 인재상이 모든 분야에 고르게 영향을 미치는 것은 아니다. 지원하는 부서의 특성에 맞게 필요로 하는 인재상은 또 따로 있다. 영업부에 지원하는 사람은 열정과 도전 정신이 남들보다 높아야 한다. 자금팀은 도덕성과 윤리성이 높아야 하고, 기획실은 창의성과 분석력이 뛰어나야 한다. 기업의 인재상을 파악하더라도 지원하는 부서와 맞도록 표현하기 바란다.

자기 평가를 통한 분석

앞으로 여러분의 인생에서 무엇을 할 것인가에 대하여 목표가 명확한지를 지금 생각해보라. 여러분이 하고자 하는 목표가 명확하다면 목표에 다가서기 위해 가장 먼저 선행되어야 할 것은 무엇일까?

그것은 바로 여러분의 현재 위치 정보를 정확하게 아는 것이다. 현재 위치 정보란 목표점에 나가기 위해 지금 여러분이 어디에 서 있는지를 아는 것이다.

다음 나오는 표는 여러분의 목표와 수행 행동을 한 눈에 파악하는데 도움을 줄 것이다.

목표점에 도달하기 위해 필요한 것이 토익 점수라면 왼쪽에 기록하고 현재 보유한 점수를 적어라. 오른쪽에는 목표점에 필요한 점수를 기록하고, 그것을 어떻게 달성할 것인지 계획을 적

	현재 위치 정보 요소별 분석		실행 방향 설정			실행 순위
현재 나의 위치 정보	토익	730점	900점	1일 5시간 학습 스파르타 학습 참여	목표점 도달	

는다. 무슨 항목을 우선적으로 실행할 것인가 순위를 정한다.

자신의 실력을 과신하지 마라. 능력 정도를 냉정하게 평가해서 입사가 가능한 회사를 지원하기 바란다. 또 정말 당신이 하면서도 행복할 수 있는 업무를 선택해야 한다. 몇 달 일하고 그만둘 게 아니다. 자신이 좋아하지 않는 일이나 능력에 넘치는 일을 선택하면 머지않아 힘들게 입사한 회사를 나와야 할지도 모른다.

남의 들러리를 자초하지 마라

1200:1, 1360:1이라는 경쟁률을 뚫고 입사하는 한 명을 위하여 들러리를 자초한 사람들은 들러리 역할에 점점 익숙해지고 말 것이다. 한 번을 제출하더라도 여러분이 평생 행복할 수 있는 일을 찾아 그곳에서 한판 승부로 에너지를 집중하라.

오늘이 가기 전에 여러분의 현재 위치 정보를 반드시 확인하여 좌표에 붉은 표시를 하길 바라며, 우선 중요하고 급한 것부터 실행하라.

면접 대기 시간 5분을 관리하라

어떤 회사는 면접 통보를 하는 첫 전화에서부터 점수로 체크를 한다고 한다. 또 마음을 풀어 놓고 있는 대기실에서부터 면접은 시작될 수 있다. 면접자들을 모아놓고 인사 담당자는 면접 진행에 대한 프로세스를 설명하거나, 면접장 입실에 대하여 안내하기도 하고, 답변하는 요령이나 인사하는 방법 등을 설명하는 시간을 갖는다. 이때 인사 담당자의 눈은 자기 회사의 가족이 될 사람을 찾고 있다.

대기실에서 불필요한 행동은 하지 말아야 한다. 연봉이나 근무 환경이 궁금하다고 해도, 행여나 묻지 말아야 할 질문은 해서는 안 된다. 대기실에서부터 시작되는 면접, 몸가짐을 바르게 해서 점수를 더 얻을 수 있도록 노력해야 한다.

면접관은 짧은 시간에 지원자의 어떤 모습을 보고 싶어 할까?

이렇게 생각해보라. 나는 실력 있는 사람인가? 나의 능력은 기업에 어떤 영향을 미칠 것인가? 받는 것 이상으로 기여할 수 있는가? 내 밥벌이를 위한 준비가 끝났는가?

면접장에서도 찾고자 하는 사람은 제 역할을 제대로 할 사람이다. 한마디로 기업은 밥값 할 준비가 되어 있는 사람을 채용하고자 한다.

재치 있는 답변을 하라

모 할인점 전문 유통기업의 면접 사례이다. 할인점에 근무하는 사람들은 대부분 매장에서 고객을 지원하는 업무를 많이 하는데, 지원자들 중에 유난히 눈이 작은 사람이 있었다. 더 정확하게 말하자면 눈이 작기도 하지만 눈 꼬리 부분이 위로 많이 올라가 있었다. 면접하던 중에 한 임원이 이렇게 질문했다.

"자네는 눈도 작고, 눈 꼬리가 올라갔는데 어떻게 생각하나?"

아마도 평소에 주변 많은 사람들로부터 들었던 이야기여서인지 빙그레 웃으면서 이렇게 답변했다.

"저의 작고 찢어진 눈은 고객이 필요로 하는 것이 무엇인지를 찾아내는 눈이고, 이처럼 환하게 웃는 모습이 제가 평소 지니고 있는 모습입니다."

현재 그는 모 할인점 창동점에서 열심히 근무하고 있다.

우리나라 사람들은 유머 감각이 아주 낮은 편이다. 평소에 유머 감각을 익히는 것이 어떻겠는가? 하루 종일 긴장된 사람을 면접 봐야 하는 인사 담당자를 웃게 하는 것도 훌륭한 면접 전략이다. 유머가 있는 사람은 조직에 활기를 준다. 재치 있는 유머를 생활화하면 좋다.

다른 사례이다.
모 대기업 면접관이 이런 질문을 했다.
"자네는 서울에 바퀴벌레가 몇 마리쯤 된다고 생각하는가?"
머릿속에는 '서울에 있는 가구 수 곱하기 한 집당 1,500마리, 계산이 어렵구나…….'
어떤 사람은 "업무에 그 숫자가 필요하다면 지금부터 헤아려 보겠습니다."라고 했고, 다른 사람은 "1,000만 가구 × 200마리는 대략 2억 마리쯤 되겠습니다."라고 대답했다.
왜 이런 질문을 할까? 면접관도 바퀴벌레를 헤아려보지는 않았을 것이다. 질문자에게 논리적으로 문제를 해결할 수 있는가를 보기 위해서이다. 당황하지 말고 쉽고 편리하게 계산할 수 있는 방법을 연구해서 풀어내는 것이 좋다.

결론부터 내리고 부연 설명을 하라

면접관이 질문한 것에 대하여 가능한 한 결론부터 먼저 말하기 바란다.

긴 대답은 중간에 잘리는 경우가 있다. 답변하는 방법이 틀려서라기보다는 시간 관계상 중단을 시키기 때문이다. 결론을 내리고 부연 설명을 하다가도 면접관의 표정을 읽고 설명을 멈출 수 있어야 한다. 필요하다고 생각하면 계속 하라는 사인을 보낼 것이다. 그만 하라는 신호를 보고도 계속 이야기하는 사람은 면접 평가서에 이렇게 적는다. "NO."

면접관의 질문에 자신의 의견을 표현하는 방법에 대하여 이야기해본다.

솔직하게 느낌을 전달한다

동종업계의 시장 포지션을 확인하기 위해 면접관은 지원자가 자사에 대하여 얼마나 알고 있는가를 물어보는 경우가 많다. 이런 질문은 지원자의 마음가짐이나 시장 경쟁에 대응하고자 하는 전략 등과 연결되어 있다.

면접임을 인식하여 회사의 실적이나 위상을 과하게 포장하여 이야기하는 사람들이 많은데, 그런 행동은 금물이다. 자신이 느끼는 점과 다른 고객으로부터 들었던 이야기를 사실대로 전달하는 것이 좋다. 그리고 상품의 좋은 점과 바꿔야 할 점들을 지적하면 준비된 인재라는 인상을 받을 수 있다.

면접관을 이기려 하지 마라

설령 당신이 어떤 통로를 통하여 사실임을 확인하였거나 인쇄 매체 등을 통해 정확히 제시할 수 있는 근거를 가지고 있다 하더라도, 면접장에서 면접관을 이기려 드는 것은 가능한 피해야 한다. 당신이 전달하려는 내용에 의견 차이가 있다고 판단되면 한 박자 쉬면서 내용 전달 방법을 연구하는 것이 좋다. 그래도 당신의 주장과 의견이 맞다고 확신하면 정확한 근거를 바탕으로 면접관이 인정할 수 있도록 설득해야 한다. 이렇게 하는 것이 성패를 가르는 결정적인 한 수가 될 것이다.

모르는 질문에 아는 척 하지 마라

모르면 모른다고 답하라. 모르는 것을 옆 사람이 이야기하는 것에 조금 살을 붙여 이야기를 하는 경우도 좋은 평가를 받지 못한다. 모르면 모른다고 답하고 다음 질문에서 만회하면 된다. 옆 사람 답변에 살을 붙이는 사람은 회사생활도 그런 식으로 한다고 판단해서 감점을 받게 된다.

목소리, 말의 스피드, 말의 톤을 잘 조절한다

같은 표현이라도 어떤 사람은 맛깔나게 말하는 사람이 있는가 하면, 문맥을 파악하지 못하고 책을 읽듯이 말하는 사람이 있다. 이렇게 단조롭게 말하는 사람은 자신의 의견을 정확하게 전달하기 힘들다.

질문하는 핵심을 정확하게 파악하고 내용을 정리하여 말하면 말에 맛과 힘이 실린다. 당신이 확실하게 아는 것을 말할 때는 자신이 있기 때문에 나도 모르게 목소리에 힘이 실린다. 이야기 속도는 빠르고 느리게 조정할 수 있고, 말의 높낮이 톤도 만들 수 있다.

전달력이란 목소리의 3박자, 즉 목소리 크기, 속도, 톤이 갖춰졌을 때 생긴다. 3박자 중 어느 하나라도 부족하면 면접관에게 전달되는 힘이 낮아질 것이다. 충분히 수집한 정보를 가능한 한 머릿속에 넣고 예상 질문을 만들어서 혼자 거울을 보고 연습해보라. 처음에는 어설프고 불안정하겠지만 반복해보면 분명 좋아진다.

말에는 색깔이 있다. 어려운 단어나 교과서적인 문장들은 외워서 말하려면 잘 기억나지도 않고 입에 익지 않아 잘 나오지도 않는다. 그런 말은 가능한 피하고 평소 잘 사용하는 단어들을 선택해서 잘 조합한다면, 여러분이 답변하는 데 어려움이 없을 것이다.

군말을 사용하는 것도 피해야 한다. '아~, 에헴, 쩝, 에, 휴우, 어, 응' 같은 입버릇처럼 말하는 소리나 더듬거리는 소리이다. 군말은 서두에 붙거나, 말 꼬리가 흐려지거나, 길게 늘어뜨리는 말하기 습관이다. 어리광부리는 것처럼 하는 군말은, 듣는 사람으로 하여금 답답하게 느껴지거나 짜증나게도 한다. 이런 말투는 조직 내 커뮤니케이션에 문제가 있는 관계로 해서는 안 된다. 본인은 정작 모르는 경우가 많은데, 군말을 쓰는 사람은 자신의 어투를 녹음해서라도 교정 연습을 많이 해야 한다.

면접관의 입장에서 답변하라

면접관이 어떤 사람을 원하는지 면접관 입장에서 검토해보기 바란다.

흔히 말하는 "결혼 생각 없습니다."와 같은 표현은 삼가고, 대신 입사할 수 있는 기발한 아이디어를 제공하라. "잘할 수 있습니다."와 같은 표현도 하지 마라. 대신 잘할 수 있는 당신의 역량을 보여주면 된다.

무엇보다도 중요한 것은 당신이 제 역할을 제대로 할 수 있다는 것을 보여주는 것이다. 당신이 가지고 있는 폭발적인 에너지와 잠재력을 끄집어내어 더 큰 회사의 공유가치를 만드는데 일조할 수 있다는 것을 확신시켜야 한다.

면접 필수 요목 

대부분 신입사원으로 지원하는 사람들이 필자에게 자주 묻는 질문 중 하나는 "도대체 면접 때 무엇을 물어 봅니까?"이다. 회사별로 차이는 있겠지만 자사에 대한 정보와 업종을 이해하는 것은 기본이다.

회사 제품을 먼저 사용해보라

다양한 채널을 통해 정보를 수집하더라도, 가장 중요한 것은 직접 지원사의 상품을 사서 직접 체험해 보는 것이다. 되도록 경쟁사의 제품까지도 함께 사서 여러 제품을 비교하고 요소들을 분석할 수 있어야 한다.

제품을 구매하는 것과 사용하는 것을 통해 검토할 내용은 다음과 같다.

첫째, 유통 구조에 대하여 신중하게 검토하라.

Dell사는 유통 구조를 개선하여 성공한 기업이 되었다. '생산자 → 도매상 → 중간상 → 소비자'의 유통 경로를 개선하여 '생산자 → 소비자'의 주문 경로로 바꿈으로써 컴퓨터 시장의 30%를 점유하는 글로벌 기업이 된 것이다. 지원사의 유통 경로에 대해 개선할 점이 있는가를 검토해서 기발한 아이디어를 제공하면 좋은 평가를 받을 수 있다.

둘째, 같은 업종 간의 가격을 비교 분석하라.

경쟁사의 제품 간 가격 포지션을 찾는 것은 물론이고, 가격 차이에 대한 문제점을 분석해내는 것도 매우 중요하다. 문제를 발견했다면 어떻게 개선하는 것이 좋은지 연구해야 하는데, 이 문제의 해답은 판매하고 있는 사람들 속에 있을지 모르니 그들과의 관계를 유지하는 것도 큰 도움이 될 것이다.

셋째, 제품의 기능, 편의성, 디자인, 색상, 대체품을 연구하라.

소비자들의 의견을 조사하면 사용 소감 등을 상세하게 들을 수 있다. 중요한 것은 소비자들의 이야기를 종합하여 대체품을 연구하는 것이다.

넷째, 직접 사용해본 결과 자신이 느낀 사실적인 문제점들을 기록하라.

소비자를 통해서 얻은 정보뿐만 아니라, 직접 자신이 체험해 보고 일반 소비자들과 다른 점들을 메모해보라. 어쩌면 그것이 정답일 수 있기 때문이다. 보통 면접장에서는 부정적인 이야기를 하기 어렵겠지만 여러분이 느낀 사실적인 정보를 제공한다면, 회사가 몰랐던 사실을 더 알려 주는 효과도 있다.

언론에 보도된 최근 기사를 읽는다

잘 나가는 회사는 사장이나 임원들이 수시로 매스컴에 출현한다. 텔레비전, 신문, 관련 산업의 잡지 등에도 나올 수 있다. 대부분 회사와 관련하여 최근 결정된 새로운 사업이나 업계의 동향, 미래 비전 등이 주로 다뤄지고 있다. 임원들의 관심 분야로 보고 필독 사항으로 관리해야 한다.

21세기가 요구하는 인재상

- 창조적인 인재(잠재 능력, 가치 창출)
- 도전적인 인재(변화 → 대응)
- 전문 인재(전문 능력 + 일반 능력의 조화)
- 글로벌 인재(외국어 구사 능력 + 이문화 적응력)

환경이 바뀌면 그 환경에 적합한 인재의 모습도 변한다. 앞으로 시장 경쟁은 더욱 치열해질 것이며, 핵심 인재의 중요성은 더욱 높아질 것이다.

강한 애사심과 농업 환경에서는 필요한 근면성, 산업화 시대에서는 기업의 한 부품으로 업무만 잘 수행하면 되었던 인재상이었다면, 현재의 기업들은 정보화 사회, 창조화 시대를 이끌 창조적인 인재를 찾고 있다. 무한 경쟁 시대에 기업은 한 분야에 전문성을 지닌 글로벌 인재, 실패를 두려워하지 않고 도전할 줄 아는 도전적인 인재를 선호한다.

본서의 내용을 토대로 자신만의 취업 전략을 짜야 한다. 최선을 다해 구사하여 담는다면, 반드시 희망하는 회사에 입사의 기회가 주어질 것이라 확신한다. 모두의 건승을 빈다.

　오랜 세월 여러분은 땀 흘리며 열심히 달려 왔다. 학교, 도서관, 집, 내가 앉았던 수많은 책상 위에서 쏟아지는 잠을 아끼며 밤을 지새우던 날들, 남 밑에서 온갖 싫은 소리를 들어가며 나의 힘없음을 처절하게 느껴야 했던 일도 있었을 것이다. 공모전에 도전하여 친구들과 한 팀이 되어, 엉켜 싸우기도 하고 화해도 하며, 열심히 결과물을 만들었던 일도 있었을 것이다. 그리고 나를 찾고자 떠난 무식할 정도로 힘들었던 배낭여행, 토익과 토플 점수를 올리기 위해 머나먼 외국에서 보냈던 외로운 시간들도 있었을 것이다. 여러분이 지나온 시간들은 모두 바로 지금, 바로 이 순간을 위해서 존재한다.

　살면서 몇 번 되지 않는 가장 중요한 순간이 바로 지금이다. 여러분 앞에 놓인 서류 한 장은 앞으로 여러분의 인생을 결정할 것이다. 이 기회를 잡기 위해 자신이 가진 모든 능력을 쏟아 부어 도전해야 한다. 이 순간 계획해서 구상하고 만드는 서류는, 내 과거의 모든 것을 총 집결하는 것이다. 또한 나의 현재 능력을 당당히 밝히는 것이며, 나의 미래를 활짝 열어 줄 차등화 전략이 반드시 담겨 있어야 한다. 이제 책장을 덮고 나면, 여러분 앞에는 지금까지 했던 것 중에서 가장 힘든 과제가 하나 남게 될 것이다. 그것을 어떻게 준비하는 가에 모든 것이 달렸다.

　인사 담당자가 원하는 것은 도서관에 앉아서 공부만 하거나, 남의 글을 베끼거나, 족보에만 의지한 서류가 아니다. 나의 서류는 지원사와 지원 업무에 맞춰서 기업과 나의 생존 전략을 담은, 기회선점 경쟁시대 최고의 전략 기획서여야 한다. 그 내용으로 어느 누가 봐도 명쾌하게 이해할 수 있도록 연습해서, 면접 때 기업 담당자에게 자신감을 가지고 충분히 설득할 수도 있어야 한다.

막히는 부분이 있다면, 필자가 본서에서 제시한 전략을 충분히 활용하면 된다. 본서에는 취업의 관문을 통과할 수 있는 모든 방법을 밝혔으며, 그 제안대로 실행한다면, 목표를 반드시 이룰 수 있을 것이다.

꿈이 있다면 전략을 짜서 실행하기를 바란다.

최선을 다해 노력하면 반드시 성공할 것이다.

필자는 기업에서도, 학교 강단에서도, 아점프(www.ajump.org)를 통해서도 언제나 여러분의 성공을 지원하는 든든한 파트너가 될 것이다.

memo

가림출판사 · 가림M&B · 가림Let's에서 나온 책들

<table>
<tr><td valign="top" width="50%">

문 학

바늘구멍
켄 폴리트 지음 / 홍영의 옮김 / 신국판 / 342쪽 / 5,300원

레베카의 열쇠
켄 폴리트 지음 / 손연숙 옮김 / 신국판 / 492쪽 / 6,800원

암병선
니시무라 쥬코 지음 / 홍영의 옮김 / 신국판 / 300쪽 / 4,800원

첫키스한 얘기 말해도 될까
김정미 외 7명 지음 / 신국판 / 228쪽 / 4,000원

사미인곡 上·中·下 김충호 지음 / 신국판 / 각 권 5,000원

이내의 끝자리 박수완 스님 지음 / 국판변형 / 132쪽 / 3,000원

너는 왜 나에게 다가서야 했는지
김충호 지음 / 국판변형 / 124쪽 / 3,000원

세계의 명언 편집부 엮음 / 신국판 / 322쪽 / 5,000원

여자가 알아야 할 101가지 지혜
제인 아서 엮음 / 지창국 옮김 / 4×6판 / 132쪽 / 5,000원

현명한 사람이 읽는 지혜로운 이야기
이정민 엮음 / 신국판 / 236쪽 / 6,500원

성공적인 표정이 당신을 바꾼다
마츠오 도오루 지음 / 홍영의 옮김 / 신국판 / 240쪽 / 7,500원

태양의 법
오오카와 류우호오 지음 / 민병수 옮김 / 신국판 / 246쪽 / 8,500원

영원의 법
오오카와 류우호오 지음 / 민병수 옮김 / 신국판 / 240쪽 / 8,000원

석가의 본심
오오카와 류우호오 지음 / 민병수 옮김 / 신국판 / 246쪽 / 10,000원

옛 사람들의 재치와 웃음
강형중 · 김경익 편저 / 신국판 / 316쪽 / 8,000원

지혜의 쉼터
쇼펜하우어 지음 / 김충호 엮음 / 4×6판 양장본 / 160쪽 / 4,300원

헤세가 너에게
헤르만 헤세 지음 / 홍영의 엮음 / 4×6판 양장본 / 144쪽 / 4,500원

사랑보다 소중한 삶의 의미
크리슈나무르티 지음 / 최윤영 엮음 / 신국판 / 180쪽 / 4,000원

장자-어찌하여 알 속에 털이 있다 하는가
홍영의 엮음 / 4×6판 / 180쪽 / 4,000원

논어-배우고 때로 익히면 즐겁지 아니한가
신도희 엮음 / 4×6판 / 180쪽 / 4,000원

맹자-가까이 있는데 어찌 먼 데서 구하려 하는가
홍영의 엮음 / 4×6판 / 180쪽 / 4,000원

아름다운 세상을 만드는 사랑의 메시지 365
DuMont monte Verlag 엮음 / 정성호 옮김
4×6판 변형 양장본 / 240쪽 / 8,000원

황금의 법
오오카와 류우호오 지음 / 민병수 옮김 / 신국판 / 320쪽 / 12,000원

왜 여자는 바람을 피우는가?
기젤라 룬테 지음 / 김현성 · 진정미 옮김 / 국판 / 200쪽 / 7,000원

세상에서 가장 아름다운 선물
김인자 지음 / 국판변형 / 292쪽 / 9,000원

수능에 꼭 나오는 한국 단편 33
윤종필 엮음 / 신국판 / 704쪽 / 11,000원

수능에 꼭 나오는 한국 현대 단편 소설
윤종필 엮음 및 해설 / 신국판 / 364쪽 / 11,000원

수능에 꼭 나오는 세계단편(영미권)
지창영 옮김 / 윤종필 엮음 및 해설 / 신국판 / 328쪽 / 10,000원

수능에 꼭 나오는 세계단편(유럽권)
지창영 옮김 / 윤종필 엮음 및 해설 / 신국판 / 360쪽 / 11,000원

대왕세종 1·2·3 박충훈 지음 / 신국판 / 각 권 9,800원

세상에서 가장 소중한 아버지의 선물

</td><td valign="top" width="50%">

최은경 지음 / 신국판 / 144쪽 / 9,500원

건 강

아름다운 피부미용법
이순희(한독피부미용학원 원장) 지음 / 신국판 / 296쪽 / 6,000원

버섯건강요법 김병각 외 6명 지음 / 신국판 / 286쪽 / 8,000원

성인병과 암을 정복하는 유기게르마늄
이상현 편저 / 캬오 샤오이 감수 / 신국판 / 312쪽 / 9,000원

난치성 피부병 생약효소연구원 지음 / 신국판 / 232쪽 / 7,500원

新 **방약합편** 정도명 편역 / 신국판 / 416쪽 / 15,000원

자연치료의학 오홍근(신경정신과 의학박사 · 자연의학박사) 지음
신국판 / 472쪽 / 15,000원

약초의 활용과 가정한방 이인성 지음 / 신국판 / 384쪽 / 8,500원

역전의학
이시하라 유미 지음 / 유태종 감수 / 신국판 / 286쪽 / 8,500원

이순희식 순수피부미용법
이순희(한독피부미용학원 원장) 지음 / 신국판 / 304쪽 / 7,000원

21세기 당뇨병 예방과 치료법
이현철(연세대 의대 내과 교수) 지음 / 신국판 / 360쪽 / 9,500원

신재용의 민의학 동의보감
신재용(해성한의원 원장) 지음 / 신국판 / 476쪽 / 10,000원

치매 알면 치매 이긴다
배오성(백상한방병원 원장) 지음 / 신국판 / 312쪽 / 10,000원

21세기 건강혁명 밥상 위의 보약 생식
최경순 지음 / 신국판 / 348쪽 / 9,800원

기치유와 기공수련
윤한홍(기치유 연구회 회장) 지음 / 신국판 / 340쪽 / 12,000원

만병의 근원 스트레스 원인과 퇴치
김지혁(김지혁한의원 원장) 지음 / 신국판 / 324쪽 / 9,500원

김종성 박사의 뇌졸중 119 김종성 지음 / 신국판 / 356쪽 / 12,000원

탈모 예방과 모발 클리닉
장정훈 · 전재홍 지음 / 신국판 / 252쪽 / 8,000원

구태규의 100% 성공 다이어트
구태규 지음 / 4×6배판 변형 / 240쪽 / 9,900원

암 예방과 치료법 이춘기 지음 / 신국판 / 296쪽 / 11,000원

알기 쉬운 위장병 예방과 치료법
민영일 지음 / 신국판 / 328쪽 / 9,900원

이온 체내혁명
노보루 야마노이 지음 / 김병관 옮김 / 신국판 / 272쪽 / 9,500원

어혈과 사혈요법 정지천 지음 / 신국판 / 308쪽 / 12,000원

약손 경락마사지로 건강미인 만들기
고정환 지음 / 4×6배판 변형 / 284쪽 / 15,000원

정유정의 LOVE DIET
정유정 지음 / 4×6배판 변형 / 196쪽 / 10,500원

머리에서 발끝까지 예뻐지는 부분다이어트
신상만 · 김선민 지음 / 4×6배판 변형 / 196쪽 / 11,000원

알기 쉬운 심장병 119 박승정 지음 / 신국판 / 248쪽 / 9,000원

알기 쉬운 고혈압 119 이정균 지음 / 신국판 / 304쪽 / 10,000원

여성을 위한 부인과질환의 예방과 치료
차선희 지음 / 신국판 / 304쪽 / 10,000원

알기 쉬운 아토피 119
이승규 · 임승엽 · 김문호 · 안유일 지음 / 신국판 / 232쪽 / 9,500원

120세에 도전한다
이권행 지음 / 신국판 / 308쪽 / 11,000원

건강과 아름다움을 만드는 요가
정판식 지음 / 4×6배판 변형 / 224쪽 / 14,000원

우리 아이 건강하고 아름다운 롱다리 만들기
김성훈 지음 / 대국전판 / 236쪽 / 10,500원

알기 쉬운 허리디스크 예방과 치료

</td></tr>
</table>

이종서 지음 / 대국전판 / 336쪽 / 12,000원

소아과 전문의에게 듣는 알기 쉬운 소아과 119
신영규 · 이강우 · 최성항 지음 / 4×6배판 변형 / 280쪽 / 14,000원

피가 맑아야 건강하게 오래 살 수 있다
김영찬 지음 / 신국판 / 256쪽 / 10,000원

웰빙형 피부 미인을 만드는 나만의 셀프 피부건강
양해원 지음 / 대국전판 / 144쪽 / 10,000원

내 몸을 살리는 생활 속의 웰빙 항암 식품
이승남 지음 / 대국전판 / 248쪽 / 9,800원

마음한글, 느낌한글 박완식 지음 / 4×6배판 / 300쪽 / 15,000원

웰빙 동의보감식 발마사지 10분
최미희 지음 / 신재용 감수 / 4×6배판 변형 / 204쪽 / 13,000원

아름다운 몸, 건강한 몸을 위한 목욕 건강 30분
임하성 지음 / 대국전판 / 176쪽 / 9,500원

내가 만드는 한방생주스 60 김영섭 지음 / 국판 / 112쪽 / 7,000원

몸을 살리는 건강식품
백은희 · 조창호 · 최양진 지음 / 신국판 / 384쪽 / 11,000원

건강도 키우고 성적도 올리는 자녀 건강
김진돈 지음 / 신국판 / 304쪽 / 12,000원

알기 쉬운 간질환 119 이관식 지음 / 신국판 / 272쪽 / 11,000원

밥으로 병을 고친다 허봉수 지음 / 대국전판 / 352쪽 / 13,500원

알기 쉬운 신장병 119 김형규 지음 / 신국판 / 240쪽 / 10,000원

마음의 감기 치료법 우울증 119
이민수 지음 / 대국전판 / 232쪽 / 9,800원

관절염 119 송영욱 지음 / 대국전판 / 224쪽 / 9,800원

내 딸을 위한 미성년 클리닉
강병문 · 이향아 · 최정원 지음 / 국판 / 148쪽 / 8,000원

암을 다스리는 기적의 치유법 케이 세이헤이 감수 / 카와키 나리카즈
지음 / 민병수 옮김 / 신국판 / 256쪽 / 9,000원

스트레스 다스리기 대한불안장애학회 스트레스관리연구특별위원회
지음 / 신국판 / 304쪽 / 12,000원

천연 식초 건강법 건강식품연구회 엮음 / 신재용(해성한의원 원장) 감수
신국판 / 252쪽 / 9,000원

암에 대한 모든 것
서울아산병원 암센터 지음 / 신국판 / 360쪽 / 13,000원

알록달록 컬러 다이어트 이승남 지음 / 국판 / 248쪽 / 10,000원

당신도 부모가 될 수 있다 정병준 지음 / 신국판 / 268쪽 / 9,500원

키 10cm 더 크는 키네스 성장법 김양수 · 이종균 · 최형규 · 표재환 · 김문
희 지음 / 대국전판 / 312쪽 / 12,000원

당뇨병 백과
이현철 · 송영득 · 안철우 지음 / 4×6배판 변형 / 392쪽 / 16,000원

호흡기 클리닉 119 박성학 지음 / 신국판 / 256쪽 / 10,000원

키 쑥쑥 크는 롱다리 만들기
롱다리 성장클리닉 원장단 지음 / 4×6배판 변형 / 256쪽 / 11,000원

내 몸을 살리는 건강식품
백은희 · 조창호 · 최양진 지음 / 신국판 / 384쪽 / 12,000원

내 몸에 맞는 운동과 건강
하철수 지음 / 신국판 / 264쪽 / 11,000원

알기 쉬운 척추 질환 119
김수연 지음 / 신국판 변형 / 240쪽 / 11,000원

베스트 닥터 박승정 교수팀의 심장병 예방과 치료
박승정 외 5인 지음 / 신국판 / 264쪽 / 10,500원

암 전이 재발을 막아주는 한방 신치료 전략
조종관 · 유화승 지음 / 신국판 / 308쪽 / 12,000원

식탁 위의 위대한 혁명 사계절 웰빙 식품
김진돈 지음 / 신국판 / 284쪽 / 12,000원

교 육

우리 교육의 창조적 백색혁명
원상기 지음 / 신국판 / 206쪽 / 6,000원

현대생활과 체육
조창남 외 5명 공저 / 신국판 / 340쪽 / 10,000원

퍼펙트 MBA IAE유학네트 지음 / 신국판 / 400쪽 / 12,000원

유학길라잡이 I -미국편
IAE유학네트 지음 / 4×6배판 / 372쪽 / 13,900원

유학길라잡이 II - 4개국편
IAE유학네트 지음 / 4×6배판 / 348쪽 / 13,900원

조기유학길라잡이.com
IAE유학네트 지음 / 4×6배판 / 428쪽 / 15,000원

현대인의 건강생활
박상호 외 5명 공저 / 4×6배판 / 268쪽 / 15,000원

천재아이로 키우는 두뇌훈련
나카마츠 요시로 지음 / 민병수 옮김 / 국판 / 288쪽 / 9,500원

두뇌혁명
나카마츠 요시로 지음 / 민병수 옮김 / 4×6판 양장본 / 288쪽 / 12,000원

테마별 고사성어로 익히는 한자
김경익 지음 / 4×6배판 변형 / 248쪽 / 9,800원

生생 공부비법 이은승 지음 / 대국전판 / 272쪽 / 9,500원

자녀를 성공시키는 습관만들기
배은경 지음 / 대국전판 / 232쪽 / 9,500원

한자능력검정시험 1급
한자능력검정시험연구위원회 편저 / 4×6배판 / 568쪽 / 21,000원

한자능력검정시험 2급
한자능력검정시험연구위원회 편저 / 4×6배판 / 472쪽 / 18,000원

한자능력검정시험 3급(3급II)
한자능력검정시험연구위원회 편저 / 4×6배판 / 440쪽 / 17,000원

한자능력검정시험 4급(4급II)
한자능력검정시험연구위원회 편저 / 4×6배판 / 352쪽 / 15,000원

한자능력검정시험 5급
한자능력검정시험연구위원회 편저 / 4×6배판 / 264쪽 / 11,000원

한자능력검정시험 6급
한자능력검정시험연구위원회 편저 / 4×6배판 / 168쪽 / 8,500원

한자능력검정시험 7급
한자능력검정시험연구위원회 편저 / 4×6배판 / 152쪽 / 7,000원

한자능력검정시험 8급
한자능력검정시험연구위원회 편저 / 4×6배판 / 112쪽 / 6,000원

볼링의 이론과 실기 이택상 지음 / 신국판 / 192쪽 / 9,000원

고사성어로 끝내는 천자문
조준상 글 · 그림 / 4×6배판 / 216쪽 / 12,000원

논술 종합 비타민
이종원 지음 / 신국판 / 200쪽 / 9,000원

내 아이 스타 만들기 김민성 지음 / 신국판 / 200쪽 / 9,000원

교육 1번지 강남 엄마들의 수험생 자녀 관리
황송주 지음 / 신국판 / 288쪽 / 9,500원

초등학생이 꼭 알아야 할 위대한 역사 상식
우진영 · 이양경 지음 / 4×6배판 변형 / 228쪽 / 9,500원

초등학생이 꼭 알아야 할 행복한 경제 상식
우진영 · 전선심 지음 / 4×6배판 변형 / 224쪽 / 9,500원

초등학생이 꼭 알아야 할 재미있는 과학상식
우진영 · 정경희 지음 / 4×6배판 변형 / 220쪽 / 9,500원

한자능력검정시험 3급 · 3급II
한자능력검정시험연구위원회 편저 / 4×6판 / 380쪽 / 7,500원

교과서 속에 꼭꼭 숨어있는 이색박물관 체험 이신화 지음
대국전판 / 248쪽 / 12,000원

초등학생 독서 논술(저학년) 책마루 독서교육연구회 지음
4×6배판 변형 / 244쪽 / 14,000원

초등학생 독서 논술(고학년) 책마루 독서교육연구회 지음
4×6배판 변형 / 236쪽 / 14,000원

놀면서 배우는 경제 김솔 지음 / 대국전판 / 196쪽 / 10,000원

건강생활과 레저스포츠 즐기기
강선회 외 11명 공저 / 4×6배판 / 324쪽 / 18,000원

아이의 미래를 바꿔주는 좋은 습관
배은경 지음 / 신국판 / 216쪽 / 9,500원

다중지능 아이의 미래를 바꾼다
이소영 외 6인 지음 / 신국판 / 232쪽 / 11,000원

체육학 자연과학 및 사회과학 분야의 석·박사 학위 논문, 학술진흥재단
등재지, 등재후보지와 관련된 학회지 **논문 작성법**
하철수·김봉경 지음 / 신국판 / 336쪽 / 15,000원

공부가 제일 쉬운 공부 달인 되기
이은승 지음 / 신국판 / 256쪽 / 10,000원

글로벌 리더가 되려면 영어부터 정복하라
서재희 지음 / 신국판 / 276쪽 / 11,500원

취미·실용

김진국과 같이 배우는 **와인의 세계**
김진국 지음 / 국배판 변형 양장본(올컬러) / 208쪽 / 30,000원

배스낚시 테크닉   이종건 지음 / 4×6배판 / 440쪽 / 20,000원

나도 디지털 전문가 될 수 있다!!!
이승훈 지음 / 4×6배판 / 320쪽 / 19,200원

건강하고 아름다운 **동양란 기르기**
난마을 지음 / 4×6배판 변형 / 184쪽 / 12,000원

애완견114   황양원 엮음 / 4×6배판 변형 / 228쪽 / 13,000원

경제·경영

CEO가 될 수 있는 성공법칙 101가지
김승룡 편역 / 신국판 / 320쪽 / 9,500원

정보소프트   김승룡 지음 / 신국판 / 324쪽 / 6,000원

기획대사전   다카하시 겐코 지음 / 홍영의 옮김
신국판 / 552쪽 / 19,500원

맨손창업·맞춤창업 BEST 74
양혜숙 지음 / 신국판 / 416쪽 / 12,000원

무자본, 무점포 창업! FAX 한 대면 성공한다
다카시로 고시 지음 / 홍영의 옮김 / 신국판 / 226쪽 / 7,500원

성공하는 기업의 **인간경영**   중소기업 노무 연구회 편저 / 홍영의 옮김
신국판 / 368쪽 / 11,000원

21세기 IT가 세계를 지배한다
김광희 지음 / 신국판 / 380쪽 / 12,000원

경제기사로 부자아빠 만들기
김기태·신현태·박근수 공저 / 신국판 / 388쪽 / 12,000원

포스트 PC의 주역 **정보가전과 무선인터넷**
김광희 지음 / 신국판 / 356쪽 / 12,000원

성공하는 사람들의 **마케팅 바이블**
채수명 지음 / 신국판 / 328쪽 / 12,000원

느린 비즈니스로 돌아가라
사카모토 게이이치 지음 / 정성호 옮김 / 신국판 / 276쪽 / 9,000원

적은 돈으로 큰돈 벌 수 있는 **부동산 재테크**
이원재 지음 / 신국판 / 340쪽 / 12,000원

바이오혁명   이주영 지음 / 신국판 / 328쪽 / 12,000원

성공하는 사람들의 **자기혁신 경영기술**
채수명 지음 / 신국판 / 344쪽 / 12,000원

CFO   교텐 토요오·타하라 오키시 지음 / 민병수 옮김
신국판 / 312쪽 / 12,000원

네트워크시대 네트워크마케팅
임동학 지음 / 신국판 / 376쪽 / 12,000원

성공리더의 7가지 조건
다이앤 트레이시·윌리엄 모건 지음 / 지창영 옮김
신국판 / 360쪽 / 13,000원

김종결의 성공창업
김종결 지음 / 신국판 / 340쪽 / 12,000원

최적의 타이밍에 **내 집 마련하는 기술**
이원재 지음 / 신국판 / 248쪽 / 10,500원

컨설팅 세일즈 *Consulting sales*
임동학 지음 / 대국전판 / 336쪽 / 13,000원

연봉 10억 만들기
김농주 지음 / 국판 / 216쪽 / 10,000원

주5일제 근무에 따른 **한국형 주말창업**
최효진 지음 / 신국판 변형 양장본 / 216쪽 / 10,000원

돈 되는 땅 돈 안되는 땅

김영준 지음 / 신국판 / 320쪽 / 13,000원

돈 버는 회사로 만들 수 있는 109가지
다카하시 도시노리 지음 / 민병수 옮김 / 신국판 / 344쪽 / 13,000원

프로는 디테일에 강하다
김미현 지음 / 신국판 / 248쪽 / 9,000원

머니투데이 송복규 기자의 **부동산으로 주머니돈 100배 만들기**
송복규 지음 / 신국판 / 328쪽 / 13,000원

성공하는 슈퍼마켓&편의점 창업
나명환 지음 / 4×6배판 변형 / 500쪽 / 28,000원

대한민국 성공 재테크 **부동산 펀드와 리츠로 승부하라**
김영준 지음 / 신국판 / 256쪽 / 12,000원

마일리지 200% 활용하기
박성희 지음 / 국판 변형 / 200쪽 / 8,000원

1%의 가능성에 도전, 성공 신화를 이룬 **여성 CEO**
김미현 지음 / 신국판 / 248쪽 / 9,500원

3천만 원으로 **부동산 재벌 되기**
최수길·이숙·조연희 지음 / 신국판 / 290쪽 / 12,000원

10년을 앞설 수 있는 **재테크**   노동규 지음 / 신국판 / 260쪽 / 10,000원

세계 최강을 추구하는 도요타 방식
나카야마 키요타카 지음 / 민병수 옮김 / 신국판 / 296쪽 / 12,000원

최고의 설득을 이끌어내는 **프레젠테이션**
조두환 지음 / 신국판 / 296쪽 / 11,000원

최고의 만족을 이끌어내는 **창의적 협상**
조강희·조원희 지음 / 신국판 / 248쪽 / 10,000원

New 세일즈 기법 **물건을 팔지 말고 가치를 팔아라**
조기선 지음 / 신국판 / 264쪽 / 9,500원

작은 회사는 전략이 달라야 산다
황문진 지음 / 신국판 / 312쪽 / 11,000원

돈되는 슈퍼마켓&편의점 창업전략(입지 편)
나명환 지음 / 신국판 / 352쪽 / 13,000원

25·35 꼼꼼 여성 재테크   정원훈 지음 / 신국판 / 224쪽 / 11,000원

대한민국 2030 독특하게 창업하라
이상헌·이호 지음 / 신국판 / 288쪽 / 12,000원

왕초보 주택 경매로 돈 벌기
천관성 지음 / 신국판 / 268쪽 / 12,000원

New 마케팅 기법 (실천편) **물건을 팔지 말고 가치를 팔아라 2**
조기선 지음 / 신국판 / 240쪽 / 10,000원

퇴출 두려워 마라 홀로서기에 도전하라
신정수 지음 / 신국판 / 256쪽 / 11,500원

슈퍼마켓&편의점 창업 바이블
나명환 지음 / 신국판 / 280쪽 / 12,000원

위기의 한국 기업 재창조하라
신정수 지음 / 신국판 양장본 / 304쪽 / 15,000원

취업 Doctor
신정수 지음 / 신국판 / 272쪽 / 13,000원

주 식

개미군단 대박맞이 주식투자
홍성걸(한양증권 투자분석팀 팀장) 지음 / 신국판 / 310쪽 / 9,500원

알고 하자! **돈 되는 주식투자**
이길영 외 2명 공저 / 신국판 / 388쪽 / 12,500원

항상 당하기만 하는 개미들의 매도·매수타이밍 **999% 적중 노하우**
강경무 지음 / 신국판 / 336쪽 / 12,000원

부자 만들기 주식성공클리닉
이창희 지음 / 신국판 / 372쪽 / 11,500원

선물·옵션 이론과 실전매매
이창희 지음 / 신국판 / 372쪽 / 12,000원

너무나 쉬워 재미있는 주가차트
홍성무 지음 / 4×6배판 / 216쪽 / 15,000원

주식투자 직접 투자로 높은 수익을 올릴 수 있는 비결
김학균 지음 / 신국판 / 230쪽 / 11,000원

역대 연봉 증권맨이 말하는 슈퍼 개미의 수익 나는 원리
임정규 지음 / 신국판 / 248쪽 / 12,500원

역 학

역리종합 만세력 정도명 편저 / 신국판 / 532쪽 / 10,500원
작명대전 정보국 지음 / 신국판 / 460쪽 / 12,000원
하락이수 해설 이천교 편저 / 신국판 / 620쪽 / 27,000원
현대인의 창조적 관상과 수상 백운산 지음 / 신국판 / 344쪽 / 9,000원
대운용신영부적 정재원 지음 / 신국판 양장본 / 750쪽 / 39,000원
사주비결활용법 이세진 지음 / 신국판 / 392쪽 / 12,000원
컴퓨터세대를 위한 新성명학대전 박용찬 지음 / 신국판 / 388쪽 / 11,000원
길흉화복 꿈풀이 비법 백운산 지음 / 신국판 / 410쪽 / 12,000원
새천년 작명컨설팅 정재원 지음 / 신국판 / 492쪽 / 13,900원
백운산의 신세대 궁합 백운산 지음 / 신국판 / 304쪽 / 9,500원
동자삼 작명학 남시모 지음 / 신국판 / 496쪽 / 15,000원
구성학의 기초 문길여 지음 / 신국판 / 412쪽 / 12,000원
소울음소리 이건우 지음 / 신국판 / 314쪽 / 10,000원

법률 일반

여성을 위한 성범죄 법률상식
조명원(변호사) 지음 / 신국판 / 248쪽 / 8,000원
아파트 난방비 75% 절감방법
고영근 지음 / 신국판 / 238쪽 / 8,000원
일반인이 꼭 알아야 할 절세전략 173선
최성호(공인회계사) 지음 / 신국판 / 392쪽 / 12,000원
변호사와 함께하는 부동산 경매
최환주(변호사) 지음 / 신국판 / 404쪽 / 13,000원
혼자서 쉽고 빠르게 할 수 있는 소액재판
김재용 · 김종철 공저 / 신국판 / 312쪽 / 9,500원
"술 한 잔 사겠다"는 말에서 찾아보는 채권 · 채무
변환철(변호사) 지음 / 신국판 / 408쪽 / 13,000원
알기쉬운 부동산 세무 길라잡이
이건우(세무서 재산계장) 지음 / 신국판 / 400쪽 / 13,000원
알기쉬운 어음, 수표 길라잡이
변환철(변호사) 지음 / 신국판 / 328쪽 / 11,000원
제조물책임법
강동근(변호사) · 윤종성(검사) 공저 / 신국판 / 368쪽 / 13,000원
알기 쉬운 주5일근무에 따른 임금 · 연봉제 실무
문강분(공인노무사) 지음 / 4×6배판 변형 / 544쪽 / 35,000원
변호사 없이 당당히 이길 수 있는 형사소송
김대환 지음 / 신국판 / 304쪽 / 13,000원
변호사 없이 당당히 이길 수 있는 민사소송
김대환 지음 / 신국판 / 412쪽 / 14,500원
혼자서 해결할 수 있는 교통사고 Q&A
조명원(변호사) 지음 / 신국판 / 336쪽 / 12,000원
알기 쉬운 개인회생 · 파산 신청법
최재구(법무사) 지음 / 신국판 / 352쪽 / 13,000원

생활법률

부동산 생활법률의 기본지식
대한법률연구회 지음 / 김원중(변호사) 감수 / 신국판 / 472쪽 / 13,000원
고소장 · 내용증명 생활법률의 기본지식
하태웅(변호사) 지음 / 신국판 / 440쪽 / 12,000원
노동 관련 생활법률의 기본지식
남동희(공인노무사) 지음 / 신국판 / 528쪽 / 14,000원
외국인 근로자 생활법률의 기본지식
남동희(공인노무사) 지음 / 신국판 / 400쪽 / 12,000원
계약작성 생활법률의 기본지식
이상도(변호사) 지음 / 신국판 / 560쪽 / 14,500원
지적재산 생활법률의 기본지식
이상도(변호사) · 조의제(변리사) 공저 / 신국판 / 496쪽 / 14,000원
부당노동행위와 부당해고 생활법률의 기본지식

박영수(공인노무사) 지음 / 신국판 / 432쪽 / 14,000원
주택 · 상가임대차 생활법률의 기본지식
김운용(변호사) 지음 / 신국판 / 480쪽 / 14,000원
하도급거래 생활법률의 기본지식
김진홍(변호사) 지음 / 신국판 / 440쪽 / 14,000원
이혼소송과 재산분할 생활법률의 기본지식
박동섭(변호사) 지음 / 신국판 / 460쪽 / 14,000원
부동산등기 생활법률의 기본지식
정상태(법무사) 지음 / 신국판 / 456쪽 / 14,000원
기업경영 생활법률의 기본지식
안동섭(단국대 교수) 지음 / 신국판 / 466쪽 / 14,000원
교통사고 생활법률의 기본지식
박정무(변호사) · 전병찬 공저 / 신국판 / 480쪽 / 14,000원
소송서식 생활법률의 기본지식
김대환 지음 / 신국판 / 480쪽 / 14,000원
호적 · 가사소송 생활법률의 기본지식
정주수(법무사) 지음 / 신국판 / 516쪽 / 14,000원
新상속과 세금 생활법률의 기본지식
박동섭(변호사) 지음 / 신국판 / 492쪽 / 14,500원
담보 · 보증 생활법률의 기본지식
류창호(법학박사) 지음 / 신국판 / 436쪽 / 14,000원
소비자보호 생활법률의 기본지식
김성천(법학박사) 지음 / 신국판 / 504쪽 / 15,000원
판결 · 공정증서 생활법률의 기본지식
정상태(법무사) 지음 / 신국판 / 312쪽 / 13,000원
산업재해보상보험 생활법률의 기본지식
정유석(공인노무사) 지음 / 신국판 / 384쪽 / 14,000원

처 세

성공적인 삶을 추구하는 여성들에게 우먼파워
조안 커너 · 모이라 레이너 공저 / 지창영 옮김
신국판 / 352쪽 / 8,800원
聽 이익이 되는 말 話 손해가 되는 말
우메시마 미요 지음 / 정성호 옮김 / 신국판 / 304쪽 / 9,000원
부자들의 생활습관 가난한 사람들의 생활습관
다케우치 야스오 지음 / 홍영의 옮김 / 신국판 / 320쪽 / 9,800원
코끼리 귀를 당긴 원숭이-히딩크식 창의력을 배우자
강충인 지음 / 신국판 / 208쪽 / 8,500원
성공하려면 유머와 위트로 무장하라
민영욱 지음 / 신국판 / 292쪽 / 9,500원
등소평의 오뚝이전략 조창남 편저 / 신국판 / 304쪽 / 9,500원
노무현 화술과 화법을 통한 이미지 변화
이현정 지음 / 신국판 / 320쪽 / 10,000원
성공하는 사람들의 토론의 법칙
민영욱 지음 / 신국판 / 280쪽 / 9,500원
사람은 칭찬을 먹고산다 민영욱 지음 / 신국판 / 268쪽 / 9,500원
사과의 기술 김농주 지음 / 신국판 변형 양장본 / 200쪽 / 10,000원
취업 경쟁력을 높여라 김농주 지음 / 신국판 / 280쪽 / 12,000원
유비쿼터스시대의 블루오션 전략
최양진 지음 / 신국판 / 248쪽 / 10,000원
나만의 블루오션 전략-화술편
민영욱 지음 / 신국판 / 254쪽 / 10,000원
희망의 씨앗을 뿌리는 20대를 위하여
우광균 지음 / 신국판 / 172쪽 / 8,000원
끌리는 사람이 되기위한 이미지 컨설팅
홍순아 지음 / 대국전판 / 194쪽 / 10,000원
글로벌 리더의 소통을 위한 스피치
민영욱 지음 / 신국판 / 328쪽 / 10,000원
오바마처럼 꿈에 미쳐라 정영순 지음 / 신국판 / 208쪽 / 9,500원
여자 30대, 내 생애 최고의 인생을 만들어라
정영순 지음 / 신국판 / 256쪽 / 11,500원

인맥의 달인을 넘어 인맥의 神이 되라
서필환 · 봉은희 지음 / 신국판 / 304쪽 / 12,000원

아임 파인(I'm Fine!)
오오카와 류우호오 지음 / 4×6판 / 152쪽 / 8,000원

미셸 오바마처럼 사랑하고 성공하라
정영순 지음 / 신국판 / 224쪽 / 10,000원

용기의 법
오오카와 류우호오 지음 / 국판 / 208쪽 / 10,000원

명 상

명상으로 얻는 깨달음
달라이 라마 지음 / 지창영 옮김 / 국판 / 320쪽 / 9,000원

어 학

2진법 영어 이상도 지음 / 4×6배판 변형 / 328쪽 / 13,000원

한 방으로 끝내는 영어 고제윤 지음 / 신국판 / 316쪽 / 9,800원

한 방으로 끝내는 영단어 김승엽 지음 / 김수경 · 카렌다 감수 /
4×6배판 변형 / 236쪽 / 9,800원

해도해도 안 되던 영어회화 하루에 30분씩 90일이면 끝낸다
Carrot Korea 편집부 지음 / 4×6배판 변형 / 260쪽 / 11,000원

바로 활용할 수 있는 기초생활영어
김수경 지음 / 신국판 / 240쪽 / 10,000원

바로 활용할 수 있는 비즈니스영어
김수경 지음 / 신국판 / 252쪽 / 10,000원

생존영어55 홍일록 지음 / 신국판 / 224쪽 / 8,500원

필수 여행영어회화 한현숙 지음 / 4×6판 변형 / 328쪽 / 7,000원

필수 여행일어회화 윤영자 지음 / 4×6판 변형 / 264쪽 / 6,500원

필수 여행중국어회화 이은진 지음 / 4×6판 변형 / 256쪽 / 7,000원

영어로 배우는 중국어 김승엽 지음 / 신국판 / 216쪽 / 9,000원

필수 여행스페인어회화 유연창 지음 / 4×6판 변형 / 288쪽 / 7,000원

바로 활용할 수 있는 홈스테이 영어
김형주 지음 / 신국판 / 184쪽 / 9,000원

필수 여행러시아어회화 이은수 지음 / 4×6판 변형 / 248쪽 / 7,500원

여 행

우리 땅 우리 문화가 살아 숨쉬는 옛터
이형권 지음 / 대국전판(올컬러) / 208쪽 / 9,500원

아름다운 산사 이형권 지음 / 대국전판(올컬러) / 208쪽 / 9,500원

맛과 멋이 있는 낭만의 카페
박성찬 지음 / 대국전판(올컬러) / 168쪽 / 9,900원

한국의 숨어 있는 아름다운 풍경
이종원 지음 / 대국전판(올컬러) / 208쪽 / 9,900원

사람이 있고 자연이 있는 아름다운 명산
박기성 지음 / 대국전판(올컬러) / 176쪽 / 12,000원

마음의 고향을 찾아가는 여행 포구
김인자 지음 / 대국전판(올컬러) / 224쪽 / 14,000원

생명이 살아 숨쉬는 한국의 아름다운 강
민병준 지음 / 대국전판(올컬러) / 168쪽 / 12,000원

틈나는 대로 세계여행
김재관 지음 / 4×6배판 변형(올컬러) / 368쪽 / 20,000원

풍경 속을 걷는 즐거움 명상 산책
김인자 지음 / 대국전판(올컬러) / 224쪽 / 14,000원

3.3.7 세계여행
김완수 지음 / 4×6배판 변형(올컬러) / 280쪽 / 12,900원

레포츠

수열이의 브라질 축구 탐방 삼바 축구, 그들은 강하다
이수열 지음 / 신국판 / 280쪽 / 8,500원

마라톤, 그 아름다운 도전을 향하여
빌 로저스 · 프리실라 웰치 · 조 헨더슨 공저 /
오인환 감수 / 지창영 옮김 / 4×6배판 / 320쪽 / 15,000원

인라인스케이팅 100%즐기기
임미숙 지음 / 4×6배판 변형 / 172쪽 / 11,000원

스키 100% 즐기기
김동환 지음 / 4×6배판 변형 / 184쪽 / 12,000원

태권도 총론
하웅의 지음 / 4×6배판 / 288쪽 / 15,000원

수영 100% 즐기기
김종만 지음 / 4×6배판 변형 / 248쪽 / 13,000원

건강을 위한 웰빙 걷기
이강옥 지음 / 대국전판 / 280쪽 / 10,000원

쉽고 즐겁게! 신나게! 배우는 재즈댄스
최재선 지음 / 4×6배판 변형 / 200쪽 / 12,000원

해양스포츠 카이트보딩
김남용 편저 / 신국판(올컬러) / 152쪽 / 18,000원

골 프

퍼팅 메커닉
이근택 지음 / 4×6배판 변형 / 192쪽 / 18,000원

아마골프 가이드
정영호 지음 / 4×6배판 변형 / 216쪽 / 12,000원

골프 100타 깨기
김준모 지음 / 4×6배판 변형 / 136쪽 / 10,000원

골프 90타 깨기
김광섭 지음 / 4×6배판 변형 / 148쪽 / 11,000원

KLPGA 최여진 프로의 센스 골프
최여진 지음 / 4×6배판 변형(올컬러) / 192쪽 / 13,900원

KTPGA 김준모 프로의 파워 골프
김준모 지음 / 4×6배판 변형(올컬러) / 192쪽 / 13,900원

골프 80타 깨기
오태훈 지음 / 4×6배판 변형 / 132쪽 / 10,000원

신나는 골프 세상
유용열 지음 / 4×6배판 변형(올컬러) / 232쪽 / 16,000원

이신 프로의 더 퍼펙트
이신 지음 / 국배판 변형 / 336쪽 / 28,000원

주니어출신 박영진 프로의 주니어골프
박영진 지음 / 4×6배판 변형(올컬러) / 164쪽 / 11,000원

골프손자병법
유용열 지음 / 4×6배판 변형(올컬러) / 212쪽 / 16,000원

박영진 프로의 주말 골퍼 100타 깨기
박영진 지음 / 4×6배판 변형(올컬러) / 160쪽 / 12,000원

10타 줄여주는 클럽 피팅
현세용 · 서주석 공저 / 4×6배판 변형 / 184쪽 / 15,000원

단기간에 싱글이 될 수 있는 원포인트 레슨
권용진 · 김준모 지음 / 4×6배판 변형(올컬러) / 152쪽 / 12,500원

이신 프로의 더 퍼펙트 쇼트 게임
이신 지음 / 국배판 변형(올컬러) / 248쪽 / 20,000원

인체에 가장 잘 맞는 스킨 골프
박길석 지음 / 국배판 변형 양장본(올컬러) / 312쪽 / 43,000원

여성실용

결혼준비, 이제 놀이가 된다 김창규 · 김수경 · 김정철 지음
4×6배판 변형(올컬러) / 230쪽 / 13,000원

아 동

꿈도둑의 비밀
이소영 지음 / 신국판 / 136쪽 / 7,500원

취업 Doctor

2009년 10월 5일 제1판 1쇄 발행

지은이/신정수
펴낸이/강선희
펴낸곳/가림출판사

등록/1992. 10. 6. 제4-191호
주소/서울시 광진구 구의동 57-71 부원빌딩 4층
대표전화/458-6451   팩스/458-6450
홈페이지/www.galim.co.kr
전자우편/galim@galim.co.kr

값 13,000원

ⓒ 신정수, 2009

저자와의 협의하에 인지를 생략합니다.

ISBN 978-89-7895-324-5 13320